LA VIE OCCULTE DE L'HOMME

Dans le monde visible et dans les mondes invisibles

UNICURSAL

Copyright © 2017

Éditions Unicursal Publishers
www.unicursalpub.com

ISBN 978-2-924859-17-9

Première Édition, Yule 2017

ANNIE BESANT

LA **VIE OCCULTE** DE **L'HOMME**

DANS LE MONDE VISIBLE ET DANS LES MONDES INVISIBLES

Classiques Théosophiques

UNICURSAL

I

LA VIE DE L'HOMME DANS LE MONDE PHYSIQUE

LA SIGNIFICATION DE LA MORT

Beaucoup de gens ne peuvent se sentir heureux et satisfaits en ce monde s'ils ne possèdent une connaissance bien définie et précise leur permettant de se comprendre eux-mêmes et aussi le monde qui les environne. Ils ne se résignent pas à vivre dans un monde inintelligible, où les événements paraissent se succéder sans raison, sans explication. En considérant combien le bonheur est différent pour chaque être, ils se demandent : "Pourquoi les uns naissent-ils pour endurer de telles souffrances, alors que d'autres ont des vies heureuses et prospères ?". Constamment, ces questions se posent ; elles troublent l'esprit et le coeur de celui qui réfléchit. Je voudrais, aujourd'hui et les deux dimanches qui suivront, vous exposer une théorie de la vie et de l'homme qui vous rendra peut-être plus intelligible votre propre nature et le monde qui vous environne et, par cela même, vous pourrez vous rendre plus utile. C'est le but des trois conférences que je vais faire sur ce vaste sujet.

Je ne désire pas vous persuader que j'ai raison ; dans ce que vais avancer ce qui m'importe, c'est de vous inciter à penser. Je ne vous demande pas d'accepter une théorie toute faite, mais seulement de réfléchir sur les données que je vous soumets. De cette manière, vous vous formerez une opinion, vous ferez appel à votre propre intelligence, et vous arriverez à une conclusion qui vous satisfera parce que c'est vous-même qui l'aurez formulée et qui sera un guide dans votre vie, puisque vous y aurez été amenés par vos propres pensées.

Considérons tout d'abord la valeur d'une pareille connaissance. Se servir de cette connaissance, c'est être capable de diriger votre vie au lieu de la laisser aller à la dérive — ainsi que beaucoup d'entre nous le font. C'est être capable de voir votre but, de choisir votre voie. C'est se rendre graduellement maitre de l'esprit et du corps, et devenir conscient, non seulement dans le monde physique, mais aussi dans les mondes qui sont en rapport avec celui-ci, ceux dans lesquels vous passez lorsque la mort vous prive du corps physique. Vous vivez tous dans trois mondes : dans l'un consciemment, dans les deux autres subconsciemment comme le dit la psychologie moderne ; vous en connaissez un : le monde physique qui vous environne ; c'est dans celui-ci que vous agissez, que vos émotions s'expriment, que vos pensées sont toujours actives. Je vous montrerai qu'il existe une sphère, ou monde, correspondant à vos émotions ; C'est de ce monde que proviennent vos émotions qui se manifestent dans votre corps physique ; qu'il existe une autre sphère ou monde de la pensée où surgissent les impulsions qui se manifestent dans le cerveau physique. Actuellement, vous vivez d'une façon subconsciente dans le monde des émotions et dans celui de l'intellect. Par suite de l'évolution ordinaire, le subconscient deviendra conscient. Ce que vous sentez maintenant obscurément deviendra clair, défini, précis. Ceci n'est pas une simple théorie ; puisque quelques-uns parmi nous ont délibérément hâté leur évolution, et ce qui était subconscient est devenu conscient, connaissance.

Tel le sujet que je désire aborder avec vous ; aujourd'hui, nous parlerons du monde physique qui vous est le plus familier ; vous comprendrez comment les mondes émotionnel et mental se manifestent dans le monde physique au moyen du corps physique. Dimanche prochain, nous verrons comment, pendant le sommeil, le corps physique étant abandonné, vous vivez consciemment dans le monde des émotions, c'est-à-dire celui dans lequel vous passez immédiatement après la mort. À notre troisième réunion je vous montrerai pourquoi le monde de la pensée est réellement le monde céleste dans lequel on entre après la mort en quittant le monde intermédiaire. Ceci est un simple aperçu du chemin où j'espère vous conduire en vous soumettant les faits et vous laissant, comme je l'ai dit, juges de leur valeur.

Quand cela sera fait, j'espère que je vous aurai montré que la science et la psychologie modernes commencent à reconnaitre l'immixtion de ces deux autres mondes dans le monde physique et essayent de comprendre ce qui provient de cette région qu'elles appellent le subconscient. Elles conçoivent cette force, elles reconnaissent cette puissance énorme qui, de temps en temps, bouleversent de ses vagues tout ce que nous considérons comme étant la raison, ou les émotions ordinaires. En étudiant la psychologie moderne, vous verrez s'éclaircir certains faits. Des plus obscurs que je développerai devant vous. J'espère aussi arriver à vous persuader d'étudier ce sujet, un des plus captivants que l'intelligence humaine puisse proposer ; dans cette voie, on acquiert une force, une puissance, une endurance que rien d'autre ne peut autant développer.

Celui qui a appris à vivre consciemment et pleinement dans les trois mondes, qui peut juger des rapports entre le visible et l'invisible, celui qui sait choisir entre les choses qui ont de l'importance et celles qui sont indifférentes, futiles et sans valeur, celui-là sait discerner le réel de l'irréel. Et il peut, quand les portes de la mort s'ouvrent devant lui — ces portes qui, pour la plupart d'entre nous, je le crains, s'ouvrent sur l'inconnu et sont, par conséquent, redoutées — il peut, dis-je, les franchir en toute assurance, d'un coeur intrépide, avec un courage qui ne faiblit pas. Il laisse simplement derrière lui la partie la plus grossière de son être, le corps physique, et pénètre avec ses mêmes sentiments, ses mêmes pensées — tel qu'il se connait en réalité — dans ces régions qui ne lui sont pas inconnues, mais familières, qui pour lui sont non une terre d'épouvante mais une terre pleine de promesses.

Tel est donc l'aperçu sommaire de ce que je vais tenter de vous exposer.

Pour commencer, je dois vous suggérer une pensée qui pourra vous sembler pour l'instant plus difficile à accepter que tout ce qu'il me restera à vous dire. Réfléchissez un moment — que vous soyez chrétiens ou Indous, cela importe peu — à tout ce que votre religion vous a enseigné sur la nature de Dieu. Je vous demande de vous le rappeler parce que l'homme est fait à l'image de la Divinité ainsi qu'il est dit dans un verset splendide des Écritures apocryphes des Hébreux: "Dieu fit l'homme à l'image de sa propre Éternité". L'homme, dans sa conscience, reflète Dieu Lui-même. La théologie ne vous étant pas entièrement étrangère, il vous sera plus facile de suivre ma pensée si vous voulez réfléchir à ce que votre religion vous a enseigné sur la triple nature de l'Être divin et de comprendre ce que cela peut signifier quand elle se reflète dans l'homme comme Esprit. Ceux qui ont un tour d'esprit philosophique penseront à Dieu comme étant triple dans Sa conscience. Mes frères indous connaissent bien le terme de Sat Chit Ananda, décrivant le triple aspect de l'unique Dieu ou du suprême — existence, connaissance, béatitude. Quelques-uns de ceux qui viennent des pays occidentaux se rappelleront le splendide passage du Dante qui parle de l'Unique dont "le pouvoir et l'activité ne font qu'un". Je vous rappellerai aussi la doctrine de la Trinité dans le christianisme : celle de la Trimourti dans l'indouisme. Vous comprendrez aussitôt en les considérant que vous avez affaire aux trois aspects de la divinité anthropomorphisée, c'est-à-dire sous forme humaine.

C'est le grand aspect de l'Être qui se manifeste comme activité créatrice, donnant la vie à tous les autres êtres, l'unique source de vie et d'existence, c'est Celui que les Indous appellent la Troisième Personne de la Trinité ; Brahma flottant sur les eaux de la matière. Pour les chrétiens, c'est le Saint-Esprit, l'Esprit de Dieu, dont on dit qu'Il se meut à la surface des eaux couvrant pour ainsi dire l'univers qui, par Lui, vient à l'existence.

Pensez maintenant à la Seconde Personne — pour les Indous, ce sera Vishnou — la source de toute sagesse et d'Amour sans bornes par lesquels l'univers est maintenu. Pour les chrétiens, ce sera cette puissante Seconde Personne, fils du Père éternel, qu'ils appellent le Christ, et à qui ils donnent toute leur foi.

Puis, le Suprême ; les chrétiens l'appellent le Père ; c'est Lui qui représente Ananda, Mahadéva, dont l'attribut est puissance ; car là seulement où le pouvoir est parfait, la paix bénie peut être assurée. La paix est troublée quand il y a la crainte ; mais pour l'Omnipotent, aucune crainte n'est possible et, par cela même, cette paix éternelle ne peut jamais être troublée par quelque chose d'extérieur car rien n'existe qui ne soit en Lui-même.

Voilà ce qui nous a été enseigné sur la nature de Dieu et c'est tout ce que notre pauvre intelligence est capable de saisir : une unité triple Pouvoir, Sagesse-Amour et Activité Créatrice.

L'esprit humain a été créé à cette image et à cette ressemblance. Le pouvoir du Suprême se manifeste en nous comme volonté : la Sagesse-Amour du Suprême devient sagesse et compassion en nous. Son Activité Créatrice se transforme en intelligence et par elle, vous donnez forme à la matière. Cette intelligence, lorsqu'elle apparait sous la forme supérieure du génie, permet au peintre de fixer sur la toile les tableaux splendides qui vivent à travers les siècles ; elle inspire au musicien l'harmonie parfaite ; par elle, le ciseau et le maillet du sculpteur taillant dans le bloc de marbre l'image merveilleuse que sa pensée doit en faire jaillir. L'homme est si grand et ses possibilités sont si vastes ! Car l'Esprit de l'homme est un fragment du Divin. Ai-je besoin de vous rappeler ce qui est enseigné à l'Indou : "Tu es Brahma", et au chrétien : "Ne savez-vous pas que votre corps est le temple de Dieu et que l'Esprit de Dieu habite en vous ?". Les potentialités du germe du Divin sont si grandes qu'en les développant par un perfectionnement continu, tous les hommes seront à la fin parfaits "comme votre Père au Ciel est parfait". Voilà donc l'Esprit sous ses trois aspects : Volonté, Sagesse, Intelligence ; c'est un des points que je vous demanderai de retenir ; nous n'aurons pas le temps d'y revenir, le sujet est trop vaste.

Beaucoup d'entre vous sont familiarisés avec l'idée de la triple division de l'homme en corps, âme et Esprit. L'Esprit divin plane au-dessus de l'homme et cette partie de sa conscience ainsi incarnée est quelquefois appelée âme — expression juste si elle est bien comprise ; cette triple division indiquée par saint Paul doit être retenue. L'Esprit est "non né impérissable, perpétuel, sans commencement et sans fin". Il plane sur le corps plutôt qu'il ne l'habite actuellement et cette portion de lui-même qui est dans le corps, la conscience, la vie, est appelée l'âme ; j'emploierai donc cette expression. Ainsi, nous avons l'Esprit, le Divin en l'homme qui plane au-dessus de lui, s'efforçant d'élever vers lui la nature inférieure; l'Âme est l'Esprit incarné et est par ce fait même souvent aveuglée, folle et impuissante; le corps, l'enveloppe matérielle (peu importe son espèce) que l'âme revêt comme un vêtement pour prendre contact avec le monde dans lequel elle doit évoluer. Car ainsi que la graine semée dans le sol et qui ne peut croitre sans lui, la semence divine est plongée dans le sol de l'expérience humaine afin de développer ses pouvoirs latents.

Ce triple Esprit, agissant comme âme dans le corps, accomplit son travail suivant trois lignes. Il agit comme intelligence. Vous connaissez bien le pouvoir de la pensée qui caractérise l'homme et qui utilise ce que le professeur Clifford a si judicieusement appelé "matière mentale". Il agit ensuite dans la matière émotionnelle, et, troisièmement, dans la matière physique.

La matière émotionnelle est celle que vos émotions font vibrer. Aucune force ne peut agir sans matière intermédiaire qui lui permette de s'exprimer. Toutes les sciences nous le démontrent. Pas de force sans matière, pas de matière sans force, dit une maxime bien connue. Donc, chacun de ces trois pouvoirs de l'homme a besoin d'un intermédiaire matériel pour manifester son activité. Pour

l'intelligence, l'âme emploie une forme de matière que nous appelons mentale; les sentiments, le
plaisir et la douleur s'expriment au moyen d'une
autre sorte de matière, la matière émotionnelle.
Nous l'appelons émotionnelle — quelquefois astrale — parce que les émotions l'emploient comme
moyen d'expression. Enfin, la matière physique est
nécessaire aussi pour agir dans le monde physique
dans lequel l'homme vit; car par la pensée vous ne
pouvez normalement produire une action, un dé-
placement de matière dans le monde physique. Je
ne dis pas que cela soit impossible mais l'homme
ordinaire ne peut pas le faire. Pour agir sur la matière physique par sa volonté, un corps physique
lui est indispensable. Ainsi, le corps physique est
l'instrument de la volonté pour produire l'action.
Comme le corps émotionnel est l'instrument des
émotions et le corps mental celui de l'intelligence.
Maintenant l'ensemble de votre corps — composé
de matière mentale, émotionnelle et physique —
est seulement un instrument, une partie d'un appareil si vous aimez mieux; ce n'est pas l'homme
lui-même, car celui-ci est le triple Esprit, l'image
du Divin dont je vous ai parlé.

Si vous considérez le corps physique, pensez-y
pendant un instant, comme étant composé de deux

parties semblables à celles que vous pourrez voir dans une imprimerie par exemple. Vous y trouverez une presse d'imprimerie, mais immobile. "J'ai un moteur, j'ai une dynamo, j'actionne la machine et elle travaille." De même, votre corps physique possède ces deux choses en lui-même. Son moteur; c'est la Vitalité, agissant dans l'éther et sa machine, c'est l'appareil, le corps dense, que vous pouvez voir, toucher, connaitre par les sens. Grâce à cette comparaison empruntée à la mécanique, cette division du corps doit être claire. Vous êtes composés d'une machine ou appareil excessivement bien fait, parfaitement adapté et d'un moteur qui l'actionne. La vitalité est le moteur dont le corps dense est la machine.

Cette machine obéit à l'âme triple de l'homme dans les parties diverses qui vous sont familières à tous. Vous avez un cerveau et un système nerveux — c'est la partie de l'instrument qui appartient à la pensée. Votre pensée agit sur ce cerveau et ce système nerveux — le système cérébrospinal, c'est l'instrument dont vous vous servez pour penser. Il y a ensuite la partie appelée ganglionnaire, en rapport avec un autre système nerveux, le système sympathique : c'est l'instrument de vos émotions. Puis, viennent les muscles, instruments nécessaires pour l'action ; la volonté les fait agir au moyen des nerfs.

C'est là, en réalité, tout ce qu'il vous est utile de savoir concernant le corps physique pour la compréhension parfaite du sujet que je vais vous présenter.

La différence fondamentale de ce que nous appelons les sexes tient à la prédominance du système cérébrospinal ou du système sympathique. Chez l'homme normal moyen, le cerveau et le système cérébrospinal dominent l'organisme. C'est ce qu'il y a de plus fort en lui, sa caractéristique comme homme. Chez la femme, ce sont les ganglions et le système nerveux sympathique qui dominent. Voilà la différence fondamentale qu'aucune loi ne peut affecter ou changer et le travail de chaque sexe dans la société doit être basé sur cette différence naturelle et inaltérable : différence entre les fonctions du père et de la mère résultant de la façon dont les corps sont conformés. Chez l'un, le cerveau domine ; chez l'autre, ce sont les émotions et tout ce qui les entretient. La connaissance de ces faits est souvent d'un grand secours pour juger bien des questions actuelles et employer entièrement les activités des deux sexes ; un pays ne serait plus privé du service de l'un ni de l'autre, et chaque sexe travaillerait dans son propre domaine.

En examinant ainsi l'être humain nous avons vu qu'il comporte trois divisions bien marquées.

J'ai employé le mot "subconscient". Vous êtes conscient du travail de votre intelligence et de celui du système nerveux; cela fait partie de votre intelligence à l'état de veille. Vous n'êtes pas conscient (excepté dans le sens de subconscience) du travail de l'intelligence dans la matière mentale où elle est constamment à l'oeuvre; de temps à autre, seulement, on devient conscient de ce travail par exemple dans le cas du génie; je reviendrai tout à l'heure sur ce sujet. Il en est de même des émotions. Vous savez que vos émotions affectent votre corps quelquefois d'une manière saisissante. Vous éprouvez un grand chagrin — le coeur s'arrête. Le coeur est un muscle, ce n'est pas une glande, et il s'arrête par l'effet d'un nerf du système sympathique qui va au coeur et stimule ou ralentit son mouvement. Il y a deux nerfs, l'un qui le met en mouvement, l'autre qui règle son activité. Supposez que le coeur s'arrête — qu'arrive-t-il? L'un de ces nerfs a été stimulé par l'émotion causée par la douleur, si bien qu'il contracte le muscle du coeur et pour un instant les battements de celui-ci se trouvent arrêtés.

La peur, quelquefois, cause l'arrêt du coeur ou donne des palpitations. Cela dépend entièrement du nerf du système sympathique qui se trouve affecté. Si c'est celui qui règle les battements du coeur, le sang qui afflue précipite soudainement ces battements tandis que l'autre nerf est paralysé dans son action. Mais les émotions agissent toujours sur le système sympathique, et les nerfs sympathiques, sur le coeur, l'appareil digestif, les ganglions et les muscles, que ce soit sur le coeur ou sur tout le système digestif, et par les nerfs sympathiques sur les ganglions ou les muscles du corps. Que sont les larmes, sinon la simple action d'une glande de l'oeil stimulée par un nerf affecté par une émotion. Ces remarques sont utiles afin de se rendre compte que l'intelligence agit constamment sur le corps d'une manière définie ; qu'il en est de même pour les émotions et que les muscles, dirigés par la volonté sont cette partie du corps que l'on utilise pour mouvoir les objets. La volonté doit faire appel au muscle pour que l'action ait lieu.

Cette action subconsciente, mentale et émotionnelle peut être ramenée dans la vie consciente ; c'est un point que je me réserve de traiter lorsque je vous parlerai de la vie de l'homme dans le second monde, le monde astral. Pour l'instant, il

suffit de constater que nous possédons un instrument à l'usage de la volonté, de l'intelligence et des
émotions et que les parties du corps répondant à
chacun de ces impacts nous sont bien connues.

Parlons maintenant pendant un moment du
Génie. Le génie est l'action normale de l'intelligence dans son propre monde, agissant soudainement sur le cerveau qui est dans un état appelé
"équilibre instable". Vous savez exactement ce que
cela signifie. Vous pouvez concevoir un corps quelconque fixé si solidement qu'il ne remue pas ; si on
le pousse et s'il cède un peu, il reprend immédiatement sa position initiale. Ou bien, vous pouvez
observer un corps qui, sous l'action d'une poussée,
commence à se balancer, conserve ce mouvement
de va-et-vient, peut être entièrement renversé, ou
revient graduellement à l'état de repos.

C'est la condition du cerveau en équilibre instable qui donne à l'esprit l'occasion de se manifester comme Génie. C'est l'état auquel Shakespeare
faisait allusion en disant : "Les grands esprits tou-
chent à la folie." C'est pourquoi Lombroso, le
grand savant italien, disait que tous les génies lit-
téraires, artistiques ou religieux étaient réellement
fous. Il y a quelque chose de vrai en cela, mais c'est
une demi-vérité plutôt qu'une vérité entière. La

demi-vérité, c'est que le cerveau du génie est toujours instable parce qu'il est sur la voie de la plus haute évolution. L'homme que nous appelons un génie atteint aux plus hauts degrés du progrès humain. Son cerveau se développe et évolue rapidement; les cellules se multiplient, les cellules cérébrales envoient de nouvelles racines, de nouveaux pédoncules dans toutes les directions. Où il y a vie et activité, il y a toujours instabilité. Aux pensées de chaque jour, un cerveau très peu instable suffit. Les lieux communs de la vie quotidienne ne demandent pas de hautes capacités mentales; mais si vous commencez à réfléchir sur un sujet difficile et obscur, si vous commencez à forcer votre cerveau à saisir une chose qui soit au-dessus de votre pouvoir mental ordinaire, alors il se produit une tension prouvant que vous imposez à ce cerveau un travail inaccoutumé. Dans ce cas des précautions deviennent nécessaires, afin qu'un développement trop rapide ne détruise à jamais l'équilibre.

Et voici ce qu'il y a de vrai dans l'affirmation de Lombroso. Il y a deux sortes d'instabilités: l'instabilité causée par la croissance et celle due à la maladie, à la dégénérescence; l'une est le génie, l'autre, la folie. L'une contient une promesse pour l'avenir; l'autre c'est l'atrophie et le retour à la matière inorganisée. Le cerveau du fou est instable, il est vrai, mais cet état est causé par une lésion, par une blessure, par un affaiblissement. Le cerveau du génie est instable parce qu'il évolue si rapidement que chaque jour voit éclore quelque nouveau pouvoir; l'âme lui insuffle une force nouvelle. Il en est ainsi pour les instructeurs des grandes religions, les hommes de génie religieux. Leurs cerveaux sont délicats, fragiles, instables dans le sens de progrès, non dans celui de maladie. Ils sont soulevés par les vagues des mondes supérieurs; sur eux se répand le flot du savoir hyperphysique. L'inspiration s'empare d'eux et les élève au-dessus de l'état normal; elle rend leur parole éloquente et ennoblit leurs pensées. Toutes les religions reconnaissent l'existence de tels hommes. Ils sont les révélateurs de ce qu'on ne voit pas, les inspirés de chaque religion. Lombroso dit que ces hommes-là aussi sont fous. Si le génie et l'inspiration religieuse ne sont que folie, puisse Dieu envoyer de tels fous parmi notre humanité! Nous donnerions bien un million de cerveaux ordinaires en échange d'un seul à travers lequel le Seigneur puisse se révéler à nous qui sommes aveugles!

Comment est-il possible d'éviter cette difficulté, que la perspicacité du savant a démontrée?

L'Inde nous a donné une méthode qui permet à l'homme d'atteindre à la sensibilité et à la réceptivité du cerveau sans courir le danger d'une nervosité excessive, premier indice de la maladie mentale. C'est ce qui est connu sous le nom de Yoga. Pour l'instant, je considèrerai moins cette méthode sous son aspect mental, que sous le rapport de l'entrainement physique.

D'après la théorie de la Yoga l'homme est un Esprit dans un corps. Normalement, cet Esprit n'affecte pas beaucoup le corps, mais si vous rendez votre corps réceptif, l'Esprit pourra alors s'en servir comme d'un instrument de musique et des mélodies s'élèveront, mélodies plus divines que terrestres. Les sages définissent le système appelé Yoga — union, union avec le Divin. "Vous devez entrainer votre corps", disent-ils. Le corps humain normal n'est pas prêt à recevoir les vagues et les flots de la vie supérieure qui le mettraient en pièces. Avant de provoquer cette grande effusion, préparez votre corps à la recevoir. À cet effet, une méthode est proposée, ayant trait à la nourriture, au sommeil, à la purification physique; cette méthode, sans sacrifier la santé physique, rend le corps beaucoup plus sensitif et plus réceptif que celui de l'homme ordinaire. Puis la méditation est prescrite. Par la concentration de la pensée, l'esprit se fixe sur un seul objet et le cerveau est ainsi amené à se plier à cette discipline. On retrouve cette pratique chez les catholiques romains; plus répandue naturellement parmi ceux qui se sont retirés du monde, elle est aussi en usage chez les laïques; ceux-ci doivent entrainer leur intelligence à l'obéissance et leurs cerveaux à la réceptivité. Les règles sont dures et c'est pourquoi il en est beaucoup qui ne se soucient pas de les suivre. Pour les suivre on ne doit pas manger de viande, qui rend le corps plus grossier; celui-ci doit être fin, délicat, sensitif; on ne doit pas absorber d'alcool — sous aucune forme — car c'est un poison pour certaines parties du cerveau, parties dont vous usez pendant la méditation. Il est donc absolument interdit d'en absorber. Toutes les fonctions de la vie doivent être réglées. Il ne faut dormir ni trop ni trop peu. L'excès de sommeil rend apathique, le manque de sommeil cause de la surexcitation nerveuse. La Yoga est un système équilibré dans la perfection. Il est absolument scientifique et doit réussir puisqu'il est basé sur les lois de la nature. Mais il réclame des années d'application zélée avant que le travail soit accompli; quand enfin l'on y est parvenu, lorsque le corps est purifié et que le cerveau est devenu

sensitif, vous pouvez en toute sureté ouvrir les portes à l'Esprit et l'accueillir dans le temple que vous
avez purifié pour son service. La vie devient alors
consciente dans tous les mondes et les sens les plus
élevés se développent aussi facilement que les sens
ordinaires. Le corps physique est notre instrument
le plus parfait, étant le premier et le plus évolué ;
les autres sont en cours d'évolution, évolution qui
peut être hâtée par la Yoga.

Notre corps physique est un instrument qui peut
être développé afin de répondre aux aspirations les
plus élevées. Les conditions, seules, sont rigides et,
ainsi que toutes les lois de la nature, sont inviola-
bles. Si vous remplissez les conditions, la nature
répondra selon ses lois. Si vous ne les remplissez
pas, jamais ces forces ne deviendront vôtres, car la
loi est immuable, elle est l'expression de la nature
divine. Arrêtons-nous un instant sur cette idée.

Qu'est-ce que la mort ? Si je reviens à la comparaison employée au début, c'est le moteur qui
abandonne la machine, rien de plus ; le moteur, les
parties les plus délicates de notre corps, formé des
éthers physiques, dans lesquels toutes les forces de la
vitalité sont en jeu, pour lesquels la partie dense est
mise en mouvement, sent, pense, et vit, ce moteur,
dis-je, laisse derrière lui le corps grossier ; la mort

n'est rien de plus que cela. Elle n'atteint pas votre nature réelle, elle vous sépare seulement du corps physique dans lequel vous avez vécu, que vous avez quitté chaque nuit pendant votre sommeil, si bien que cette séparation n'est pour vous ni nouvelle, ni étrange. C'est un habit que vous portez ; à la mort, vous enlevez cet habit. C'est un pardessus que vous rejetez quand vous rentrez chez vous, ce n'est rien d'autre que l'abandon d'un vêtement qui n'est plus nécessaire, ne pouvant plus servir aux desseins de l'Esprit qui est l'homme véritable ; et pourtant... on craint la mort...

Mais ce vêtement extérieur, ce corps, a un grand avantage si vous voulez seulement apprendre à vous en servir. Il est automatique, vous pouvez lui faire faire exactement ce que vous voulez : avec un peu de pratique, vous utilisez l'automatisme du corps pour arriver au but que vous vous proposez. Vous trouvez par exemple, que votre corps résiste si vous lui demandez d'agir d'une certaine manière ; vous pratiquez alors régulièrement cet acte ; la pratique devient une habitude et quand celle-ci est parfaite, le corps accomplit l'action automatiquement. Ceux d'entre vous qui jouent du piano, ou de la vina [1] savent que pendant les exercices du début on doit faire attention à ce que l'on fait, penser à chaque mouvement; la pensée doit faire pincer la corde du violon ou amener le doigt sur la touche du piano. Mais, plus tard, quand on est plus avancé, les doigts n'ont plus besoin d'être sous le contrôle de l'esprit, ils agissent "d'eux-mêmes". Vous n'avez plus besoin du tout de penser à vos doigts exercés; l'automatisme du corps vous permet de leur laisser faire le travail que vous leur avez enseigné.

Il n'existe pas une seule mauvaise habitude qu'on ne puisse déraciner par l'exercice continu de la volonté. Si une mauvaise pensée vous vient à l'esprit avec persistance et que vous n'en vouliez pas, chassez-la et remplacez-la chaque fois par une bonne pensée. Peu à peu, l'automatisme du cerveau vous aidera et agira à votre place. Vous êtes irritable, vous parlez vivement, les paroles s'échappent de vos lèvres : imposez silence à votre langue. Ne parlez jamais avant d'avoir réfléchi. Pendant quelques semaines, cela vous semblera fastidieux, ensuite l'habitude deviendra automatique et ne permettra plus à la langue de prononcer une seule parole que l'esprit n'approuve pas. Oh ! si vous sa-

---

1   Instrument à cordes très en faveur aux Indes. — (NDT)

viez combien c'est facile. Le premier pas est difficile, comme le sont tous les premiers pas, mais
la nature a édifié nos corps afin qu'ils obéissent à
notre volonté, si seulement nous voulons leur imposer l'habitude qui les rendra obéissants.

J'ai parlé de l'esprit, de l'âme et du corps.
Laissez-moi, si je le puis, vous mettre sous les yeux
une image de vous-même : l'esprit qui est au-dessus
de vous ; au centre l'âme, conscience en éveil ; au-
dessous le corps. L'âme qui est au centre peut aspirer à s'élever vers l'esprit ou peut être attirée vers
le corps. C'est dans l'âme que se livre la bataille de
l'homme ; toujours, il cherche à s'élever vers l'esprit
dont il est l'enfant ; d'autre part, il est entrainé par
les désirs ardents et les appétits du corps qu'il est
appelé à maitriser dans ce monde. Il aspire au ciel,
la terre le retient ; voilà la lutte que chaque être
humain connait. Il dépend de vous de suivre cette
aspiration, de résister aux désirs grossiers, vous éle-
vant vers le Dieu qui est en vous-même, maitrisant
le corps, votre véritable serviteur, bien que vous lui
permettiez de devenir votre maitre. Si vous possé-
diez un cheval splendide, courageux et obstiné, qui
se refuse tout d'abord à obéir, vous ne voudriez pas
le maltraiter, le dompter rudement mais avec douceur et soin, vous le dresseriez jusqu'à ce qu'il se

plie à votre volonté. Votre corps est un tel animal. Ne le maltraitez pas, ne le traitez pas brutalement. Dressez-le, soumettez-le, qu'il obéisse à vos ordres, qu'il obéisse à la volonté de l'Esprit. Les années passeront et l'Esprit deviendra le maitre du corps, celui-ci sera libéré par le pouvoir spirituel et deviendra le noble instrument de l'Esprit qui est son Seigneur.

Ainsi, lorsque le combat se livre en vous, qu'il y a lutte entre la nature supérieure et la nature inférieure, souvenez-vous que de votre choix dépend votre avenir. Chaque fois que vous cédez aux basses séductions, celles-ci deviennent plus fortes. Dans les années à venir, chaque concession faite à la nature inférieure sera un chainon ajouté, un poids qui s'opposera à votre envolée. Écoutez la voix de l'Esprit qui vous appelle : "Vous êtes mien, vous n'appartenez pas au corps ; je vous ai envoyé pour vous affranchir non pour que vous deveniez esclaves." Si vous faites ce choix, chaque mois qui s'écoulera chaque année que vous laisserez derrière vous verront votre existence devenir plus facile, plus joyeuse, plus forte. Vous êtes Divins. Vous êtes des Dieux en devenir et non des démons qu'il faut vaincre. Si vous cédez à la nature supérieure, le Divin, en se manifestant, s'affirmera de plus en plus en vous, et vous connaitrez la paix, vous connaitrez la joie qui appartiennent à l'homme conscient de lui-même, qui a fait de son corps, son serviteur, son instrument.

II

LA VIE DE L'HOMME DANS LE MONDE ASTRAL ET APRÈS LA MORT

Nous allons aborder la seconde partie de notre sujet. Ceux d'entre vous auxquels les écrits du Moyen-Âge sont familiers, connaissent un mot, souvent employé de nos jours, le mot "aura". Les alchimistes vous l'ont fait connaitre et vous le rencontrez dans les traités de médecine. Paracelse, par exemple, emploie ce mot en expliquant la constitution, la nature de l'homme. Il fut adopté par la Théosophie moderne parce qu'il exprime mieux qu'aucun autre mot cette partie invisible du corps humain qui est liée à ses émotions. Au Moyen-Âge, il était employé pour dissimuler certaines idées que les auteurs n'osaient pas exposer ouvertement. Lorsque vous lisez les livres de cette époque, si vous êtes disposé à murmurer contre leur obscurité, souvenez-vous qu'ils étaient élaborés sous la menace de la prison et du bucher. Leurs auteurs étaient obligés de voiler sous un langage symbolique des vérités dont il était dangereux de parler ouvertement.

Il y a seulement un an ou dix-huit mois que ce mot "aura" fut prononcé à une réunion scientifique par un médecin de Londres, le Dr Kilner. Pour la première fois, autant que je sache, un savant, traitant la question de la constitution humaine, fut capable de montrer à l'oeil physique de l'homme une partie de cette matière, normalement invisible, qui constitue l'aura. On dispose des écrans, de façon à intercepter la lumière ou à la laisser pénétrer selon les besoins; on se sert de deux plaques de verre juxtaposées entre lesquelles se trouve un liquide qui forme un écran transparent. En regardant un être humain ordinaire à travers cet écran et selon des conditions spéciales de lumière ou d'obscurité, le Dr Kilner réussit à faire voir à l'oeil physique inexpérimenté et non exercé la partie la plus grossière ce que l'on appelle "aura" du corps humain.

Normalement, cette atmosphère colorée qui entoure le corps dense de l'homme est invisible. Chacun de vous est entouré d'une sphère de matière plus subtile, semblable à un nuage et qui va-

rie de couleur selon vos émotions et vos pensées.
L'observateur voit ce changement, mais seulement
l'observateur qui a développé une vue plus perçan-
te que la vue ordinaire; il est alors capable, sans
avoir recours au procédé mécanique du Dr Kilner,
de voir ce nuage qui entoure l'être humain, l'animal, la plante et la pierre. Ce nuage est, en partie,
composé de matière astrale; que l'on nomme aussi
matière émotionnelle, car elle est mise en vibrations par les changements de conscience que nous
appelons émotions. Chaque fois qu'une émotion
traverse votre conscience, la matière astrale qui est
en vous et autour de vous, ondule comme le fe-
raient des vagues, exactement de la même manière
que lorsque vous frappez un gong avec un maillet.
Un savant vous dira qu'une grande sphère de vibrations enveloppe le gong; celles-ci parviennent
à vos oreilles sous forme de son; elles sont invisibles entre vous et le gong, mais elles n'en exis-
tent pas moins et cela est prouvé par l'effet produit
lorsqu'elles frappent le mécanisme de l'organe
adapté pour les recevoir et les reproduire.

De la même manière, lorsque vous éprouvez
une émotion, il se produit comme un impact sur
cette matière astrale; il se forme des ondulations
qui vont s'éloignant de votre corps comme une

grande sphère de matière vibrante ; ainsi que toutes les vagues de vibrations, elles sont soumises
aux lois ordinaires, diminuant d'intensité lorsque
la distance augmente et s'épuisant graduellement
en s'éloignant de leur source.

Pensez à cette matière fine et invisible que
l'émotion fait vibrer, comme l'air vibre sous l'influence d'un son généré par un gong, une corde
de violon, une note de piano, etc. Mais cette matière dont il est question ne répond ni au son, ni
à la lumière, à aucun courant d'électricité, mais
si je puis me servir de cette expression, à un courant d'émotion. C'est la caractéristique qui lui a
été donnée par le Divin Architecte, mettant ainsi
l'émotion en rapport avec une espèce particulière
de matière, comme d'autres formes de matière répondent soit au son, soit à la lumière, soit à l'électricité, la matière étant toujours l'intermédiaire par
lequel l'énergie ou la force est transmise à travers
l'espace.

Il ne doit pas vous sembler étrange qu'il y ait
une espèce particulière de matière qui ne réponde
qu'aux émotions ; vous êtes habitués à ces spécia-
lisations dans vos études de physique. Un rayon
de lumière ne produit pas dans l'atmosphère des
vibrations qui atteignent votre oreille, pas plus

que les ondulations qui nous parviennent comme
son ne sont produites par les vagues d'éther que
vous appelez la lumière. Souvenez-vous que Sir
William Crookes fit une fois un tableau de groupes de vibrations ; il divisa par séries les groupes de
vibrations se manifestant soit comme électricité,
soit comme son, soit comme lumière ; finalement,
il fit remarquer que des vibrations encore inconnues, desquelles nous sommes inconscients, pourraient dans l'avenir trouver une autre application,
répondre à une autre forme de force ou de vitalité,
répondre peut-être à la pensée. De la pensée, je
parlerai à notre prochaine réunion ; aujourd'hui, je
vous entretiendrai de cette manifestation particulière de la conscience que nous appelons émotion.

Je vous demanderai seulement de vous rappeler autre chose encore au sujet du rapport entre
le mode de conscience appelé émotion et la matière qui vibre sous son influence. L'émotion est en
corrélation avec une certaine vibration, de même
que cette vibration est en corrélation avec une
émotion. Si la matière astrale vibre, il s'élève dans
votre conscience une émotion correspondant à la
vibration particulière qui vous a frappé, qui a atteint la matière astrale de votre corps. Cela a été
démontré d'une manière très intéressante. Je puis

seulement vous indiquer que vous pourrez étudier cette question traitée dans des ouvrages français relatifs à des expériences d'hypnotisme et de transes hypnotiques. Il y est dit que, tandis que vous pouvez éveiller une émotion et provoquer ainsi le geste correspondant, de même, en suggestionnant un geste à un sujet hypnotisé, l'émotion correspondante surgit dans son esprit. Ainsi, si vous prenez la main du sujet, la tenez enfermée dans la vôtre et la secouez comme si vous étiez fâché, le sujet manifestera de l'irritation; ou si vous faites naitre la colère, les signes extérieurs correspondants se produiront.

Si vous désirez vérifier quelques-uns de ces renseignements qui sont peut-être nouveaux pour vous, lisez les livres dans lesquels vous pourrez trouver bien des résultats de recherches scientifiques se rapportant à ce sujet. Pour l'instant, vous pouvez admettre simplement, comme hypothèse, qu'une émotion cause une vibration dans la matière astrale et que, si une vibration se produit dans la matière astrale, l'émotion correspondante est provoquée lorsque cette vibration vient frapper un être humain.

Un autre point à retenir, c'est qu'une partie de cette matière astrale interpénètre la matière dense de notre corps physique et arrive ainsi à faire partie de celui-ci. Vous vous souvenez de la définition que je vous ai donné du mot corps : un véhicule de conscience, simplement ; un véhicule matériel. Nous avons, d'abord, les solides, les liquides, les gaz et les éthers, puis, dans chacun de nos corps physiques la matière astrale qui interpénètre ces quatre éléments. Lorsque vous mettez une éponge dans l'eau, celle-ci se répand dans l'éponge, sans cesser de l'entourer extérieurement. De même, l'ensemble du corps humain tout entier est interpénétré par cette matière astrale dont la plus grande partie l'entoure. Cette matière est très souvent appelée "corps astral" ; afin de ne pas compliquer cette explication, je l'appellerai pour le moment la partie astrale de notre corps, car vous vous souvenez que j'ai divisé l'homme seulement en trois parties : l'Esprit, l'âme et le corps. Or, cette matière émotionnelle interpénétrant le corps humain s'étend un peu au-delà du corps dense visible ; elle forme en partie l'aura, ce nuage invisible qui entoure le corps dense humain. Quand elle en est séparée, la partie astrale prend la forme du corps dense auquel elle est normalement associée. Mais, sauf ce cas de séparation, c'est un simple nuage, interpénétrant le corps physique et se glissant dans la forme que ce corps a déjà fixée. Représentez-vous donc cette matière émotionnelle, pénétrant chaque partie de notre corps, s'étendant un peu au-delà de celui-ci et entourée d'un grand océan de matière astrale qui peut à tout moment être mis en vibration si celle contenue dans votre corps vibre.

Il y a une grande différence entre le corps astral et le corps physique. Le corps physique est le plus évolué de tous ; il a évolué en premier et a fait, par conséquent, la plus longue évolution. Le corps astral l'est moins ; mais, plus vous êtes instruit, plus vous avez cultivé les arts, plus vos pensées et votre vie ordinaire révèlent des penchants épurés, plus la partie astrale se développe en vous. Elle est en cours d'évolution et son développement se poursuit avec rapidité, étant donnée la croissance de l'intelligence et de la pensée dans la race humaine.

De nos jours, cette matière astrale est très hautement développée chez les êtres les plus avancés de notre race ; par elle, le merveilleux développement du génie émotionnel qui se révèle chez l'artiste est augmenté. Pour vous tous qui êtes des gens réfléchis et éclairés, elle est donc également évoluée dans une large mesure.

Il est nécessaire aussi de savoir que les êtres humains sont très différents selon le climat sous

lequel ils vivent et selon la race à laquelle ils appartiennent. Rappelez-vous également que cette partie
astrale qui est en vous possède des sens, comme la
partie physique. Dans certaines conditions de race
et de climat, ces sens se développent chez un bien
plus grand nombre de personnes. En Californie,
dans l'ouest de l'Amérique, ou dans l'un de ces
États situés plus au centre, la tension électrique
de l'atmosphère est normalement si élevée, que les
enfants s'amusent à frotter leurs pieds sur un tapis,
à se charger ainsi d'électricité, et peuvent en appro-
chant leur doigt près de la joue d'un autre enfant,
faire jaillir une étincelle électrique. Dans ces conditions, les sens astrals se développent beaucoup plus
rapidement. Vous trouverez tout le long de la côte
ouest de l'Amérique une grande quantité de personnes (ce n'est cependant pas encore tout à fait la
majorité) ayant développé leur nature astrale dans
des proportions considérables et qui sont devenues
ce que nous appelons des sensitifs. J'ajouterai, qu'à
notre stade actuel d'évolution, toute personne peut
arriver momentanément à ce même résultat en se
laissant hypnotiser, ce qui paralyse le corps physique, et lui permet de devenir clairvoyante, clairau-
diente. Cela prouve que ces sens sont tout à fait sur
le point de s'éveiller. Chez l'homme et la femme

ordinaires, tout en étant arrivés à ce haut degré de développement, en règle générale, ces sens ne se manifestent que s'ils sont artificiellement stimulés. Dans certaines conditions cependant, ils apparaissent naturellement. Si vous êtes sous l'empire d'une grande surexcitation nerveuse; si vous vous êtes surmenés, si vous avez la fièvre au-delà de 39 degrés vous pourrez devenir clairvoyants ou clairaudients. Quand vous avez la fièvre et ce que vous appelez le délire, c'est simplement la faiblesse du corps physique qui permet au corps astral de le dominer momentanément et d'imprimer sur son cerveau affaibli ce qu'il voit dans son propre monde. Vous trouverez fréquemment des personnes qui deviennent clairvoyantes lorsqu'elles sont souffrantes; c'est une forme dangereuse de cette faculté, capable, si le corps n'est pas vigoureux, d'imposer une tension trop forte pouvant conduire à une profonde dépression nerveuse ou même quelquefois à des accidents hystériques.

L'éveil de cette faculté se traduit encore d'une façon différente: les sons produisent des couleurs et certaines personnes peuvent les voir. Carmen Sylva, la reine de Roumanie, a fait paraître, il y a peu de temps, un article dans *The Nineteenth Century and After* dans lequel elle décrit sa propre clairvoyance. Dès qu'elle entend de la musique, elle voit des couleurs dont les teintes varient selon le genre de timbre. Le son de la trompette produit la couleur écarlate; la musique religieuse teinte l'atmosphère de bleu. Vous trouverez une quantité de détails relatifs à ce sujet dans la littérature théosophique.

Considérez maintenant un sentiment que plusieurs parmi vous éprouvent peut-être, un certain sentiment de nervosité la nuit, si vous vous trouvez tout à fait seuls dans une maison. Carlyle dit une fois en parlant du diable: "Je ne crois pas en lui, mais j'ai peur de lui si je m'éveille au milieu de la nuit." Bien des gens éprouvent plus ou moins ce sentiment ou quelque chose d'analogue.

Beaucoup d'entre nous — très braves, je l'admets, en plein jour — comprendront ce qu'il veut dire. En ce qui me concerne, je me souviens du temps où j'étais sceptique et vivais seule à Londres. J'écrivais alors jusqu'à deux ou trois heures du matin; à ce moment, il me fallait faire un réel effort de volonté pour éteindre la lumière et monter l'escalier de la maison solitaire et silencieuse. Je me sentais nerveuse, bien que trop orgueilleuse alors pour le confesser. Maintenant que je connais le monde astral, je ne redoute plus rien; alors, je n'y croyais pas et j'éprouvais une certaine crainte. Pourquoi?

La raison, je l'ignorais ; je la connais aujourd'hui. À ces heures-là, il y a dépression de vitalité. Tous les médecins vous diront que, vers minuit, la vitalité est à son maximum. En cas de maladie, la mort se produit le plus généralement entre minuit ou deux ou trois heures du matin. À ce moment de dépression de vitalité, la matière astrale s'affirme, reçoit les impressions du monde astral et les communique au cerveau ; c'est alors que nous reculons devant l'inconnu et que la crainte s'empare de nous.

Quelques-uns parmi vous ont peut-être des pressentiments. Si un ami éloigné est malade, bien que vous n'en soyez pas averti, vous éprouvez une certaine anxiété à son égard. Lorsqu'un ami meurt, un sentiment d'abattement vous envahira au moment de sa mort. Si vous tenez à vérifier ces impressions, prenez l'habitude de noter l'heure à laquelle vous les éprouvez sans motif apparent et conservez ces notes afin de voir plus tard si elles coïncideront avec un évènement touchant un parent ou un ami auxquels vous aurez pensé. Vous apprendrez davantage en vous étudiant vous-même qu'en écoutant des conférences. Celles-ci ne sont que des guides ; le savoir est le résultat de l'étude et de l'observation personnelle.

Dans certains cas, la matière astrale se révèle, palpable et évidente ; il en est ainsi lorsqu'un même sentiment s'empare d'une foule tout entière. L'art oratoire qui s'adresse aux émotions en est un exemple. La plupart d'entre vous connaissent le nom de mon ami Charles Bradlaugh, un des plus remarquables orateurs de nos jours. Je l'ai entendu faire une conférence sur un sujet socialiste à des membres du Carlton Club, de respectables vieux Tories. Assis en face de lui, tous l'applaudissaient frénétiquement, entrainés simplement par l'émotion éveillée en eux par leurs corps astraux vibrant sous la force de son influence. Mais je doute fort que le lendemain matin en se souvenant de cette conférence, ils n'aient réprouvé énergiquement les opinions avancées qu'ils avaient si vigoureusement applaudi la veille.

Et cela est constamment le cas. Prenez un autre exemple, la panique. Un cri s'élève soudain ; quelques personnes s'effrayent. La peur, met en vibrations la partie astrale des corps ; des ondes, des vagues d'émotion vont et viennent, pénètrent la foule, faisant vibrer les corps astraux, leur communiquant la peur ; à ce degré une panique folle s'empare de tous et ils ne pensent qu'à fuir un danger imaginaire.

Il en est de même pour les crises de nerfs. Un médecin vous dira que si un malade dans une salle d'hôpital a une attaque de nerfs, il devra être emporté le plus rapidement possible si on veut éviter que les autres malades ne soient pris de crises semblables. Pourquoi ? Parce que l'émotion ayant fait vibrer le corps astral du premier sujet, tous les autres corps astraux répondent à ces vibrations et que, ainsi, l'émotion est reproduite.

Souvenez-vous de vos propres expériences. Vous rencontrez une personne gaie, heureuse et vous dites : "Quand elle entre, c'est comme un rayon de soleil". Une autre vous aborde, comme enveloppée d'un grand nuage d'abattement. Tous nous ressentons cette dépression, et nous devenons tristes. Mais pourquoi ? Il y a une cause à tout cela. La joie et l'abattement sont contagieux, ils se développent exactement comme une maladie ou un état de santé vigoureux. Tout ce qui détermine des vibrations dans la matière est contagieux, car ces vibrations matérielles se reproduisent en éveillant des émotions similaires chez les autres.

Un dernier exemple. Vous rencontrez un homme ayant un mauvais caractère. N'avez-vous jamais remarqué dans ce cas que l'irritation vous gagne, même si vous vous sentiez très bien disposés auparavant? Les vibrations de son corps astral ont déterminé chez vous des vibrations de même nature et éveillé le sentiment d'irritabilité.

C'est pourquoi les grands Instructeurs religieux vous ont recommandé de rendre le bien pour le mal, d'opposer l'amour à la haine. Si un homme vient vers vous plein de haine et que le même sentiment vous anime à son égard, ces vibrations synchrones se renforceront mutuellement. Les vibrations deviennent de plus en plus violentes; la colère provoque la colère, la haine fait naitre la haine, les deux hommes se querellent et peut-être deviendront pour toujours ennemis. C'est pourquoi chaque grand Instructeur nous dit: "Ne répondez pas au mal par le mal; opposez-lui le bon sentiment contraire". Le Seigneur Bouddha a dit: "La haine ne cesse pas par la haine; la haine cesse par l'amour". Le Christ vous a enseigné de bénir ceux qui vous haïssent. Voilà la raison scientifique par laquelle les Chefs religieux de l'humanité ont, dans leur grande sagesse, enseigné cette doctrine morale.

Il y a peu de temps, un sceptique me dit: "Pourquoi rendrais-je le bien pour le mal? C'est absurde de le faire". Je ne discutai pas avec lui le point de vue moral. Je lui indiquai seulement le résultat matériel, lui faisant remarquer les vibrations que nous faisons naitre par la colère, les vibrations opposées créées par l'amour; comment les vibrations d'amour éteignant les vibrations de haine écartent les querelles et amènent la paix. Quelle fut sa réponse? "Oh! Maintenant que vous parlez raison, je vois pourquoi je devrais rendre le bien pour le mal."

Ceci est donc à retenir: vous pouvez à votre gré développer en vous les émotions bonnes et par cela même aider les autres à vaincre leurs mauvais sentiments. Vous pouvez devenir une source de bénédiction, apaisant la colère, calmant l'irritabilité, répandant autour de vous le contentement, le bonheur et la joie, en suivant cette loi de la nature qui est sure et inviolable.

Avant de quitter ce sujet, je dois vous parler de votre responsabilité vis-à-vis des autres. Non seulement chaque émotion saine provoque en vous une vibration de matière, mais elle se répand autour de vous et affecte le corps émotionnel des autres. L'émotion mauvaise agit de la même manière. Donc il ne suffit pas de se maitriser en apparence, il ne suffit pas de réprimer le regard courroucé, la parole irritée ou le geste menaçant; vous devez déraciner le sentiment qui peut encore exister bien

qu'invisible. Par vos passions, vous affectez la société et vous êtes dès lors responsables de l'influence que vous répandez. Ceci est à prendre sérieuse-
ment en considération, surtout dans les milieux où
se trouvent des criminels d'un type violent, type
que l'on rencontre plus fréquemment dans l'ouest
que dans l'est, où un sentiment de colère s'exprime
de suite par des voies de fait. Jamais ces hommes et
ces femmes qui vous entourent, maitres d'eux-mêmes, ne se laisseraient aller à un acte de ce genre ; ils
sont trop bien élevés, trop dignes, trop orgueilleux.
Mais le sentiment d'irritation couve en eux ; leurs
corps astraux vibrent sous l'influence de la colère
et ces vibrations se répandent dans le monde astral
où elles se croisent avec de nombreuses vibrations
similaires. Toutes les pensées d'irritation de cette
région se rassemblent en une vague de vibrations,
propageant ainsi ces violentes émotions ; quand
cette vague rencontre un individu non développé
au moment où il est provoqué, elle l'excite à agir
avec bien plus de violence qu'il ne l'eut fait autrement. Son coup pourra donner la mort et la loi humaine sera impuissante à atteindre ceux qui sont
en partie responsables de son acte. Ils descendront
dans leurs tombes honorés et respectés, tandis que
l'autre expiera son crime aux galères. Mais la Loi

Divine est là qui juge tout, le sentiment aussi bien que l'action ; cette Loi d'absolue Justice qui donne à chaque homme le résultat de ce qu'il a semé et attribue à chacun sa part dans le crime du meurtrier, cette Loi qui n'ignore pas la force du poids ajouté par une mauvaise pensée, générée avec insouciance, au préjudice de la société.

Et il en est de même des grands actes d'héroïsme, lorsqu'un homme, par exemple, s'élance dans une maison en flammes ou plonge dans un fleuve impétueux, sans penser au danger inconnu, mais seulement à l'enfant qui est à sauver. Ce peut être un homme qui n'a rien d'un héros ; mais cette action soudaine a été stimulée par le courant des pensées de vaillance du milieu dans lequel il vit. Elle a été stimulée par le courage du médecin qui soigne une maladie infectieuse, par le courage de l'infirmière qui veille l'enfant mourant de la diphtérie, par le courage de la mère penchée sur son enfant malade, par le courage individuel et collectif, du simple et de l'humble faisant ce qui leur parait être simplement le devoir et qui ignorent leur propre noblesse. Mais leurs pensées vaillantes se répandent dans l'atmosphère qui les entourent ; elles vivent là et se meuvent ; et lorsque l'occasion se présente, quand l'homme courageux, mais non héroïque, affronte le feu ou le torrent, toutes ces nobles pensées trouvent en lui leur moyen d'expression, et la récompense de la vertu, de par la Loi Divine, appartient à tous ceux qui ont partagé et suscité ce noble sentiment. Nous comprenons ainsi le lien qui unit tous les êtres et l'influence que chacun exerce constamment sur son prochain à travers cet océan de matière astrale dans lequel nous sommes tous immergés.

Parlons maintenant du sommeil. Qu'arrive-t-il quand vous vous endormez ? Votre corps astral, ainsi que tout ce qui est matière plus subtile encore, abandonne la partie dense. "Mais, direz-vous, c'est l'avis des sauvages, de ceux que nous appelons animistes." Ne soyez pas trop orgueilleux en appréciant les idées des sauvages. Ceux-ci sont pour la plupart des descendants dégénérés de grandes nations du passé et ils ont conservé quelques-unes de leurs croyances dans leurs propres traditions. Les investigations modernes tendent de plus en plus à prouver que le sauvage n'est pas, comme on le supposait, l'homme enfant ; il est plutôt le très, très vieil homme revenant à une seconde enfance, l'âge sénile de la sauvagerie. Parmi les sauvages, quelques traditions ont Survécu révélant, comme Frederick Myers l'a dit, la connaissance de la subconscience, connaissance que notre psychologie moderne retrouve seulement de nos jours. Rejeter une idée pour la seule raison qu'elle nous vient des sauvages, n'est pas un argument valable ; un sauvage peut quelquefois être dans le vrai et vivant plus près de la Nature, il sait certaines choses que vous ignorez. Je vous demanderai donc d'accepter simplement comme hypothèse cette idée que lorsque vous vous endormez la nuit, vous êtes dans la partie la plus subtile de votre corps, laissant la partie plus matérielle dans votre lit. Nous avons souvent ce que nous appelons des rêves ; vous devriez en faire une étude approfondie. Que sont les rêves ? Il y en a trois sortes principales. Vous pourrez vous documenter dans *La Philosophie du Mysticisme* de du Prel qui est une oeuvre classique sur ce sujet spécial. Vous trouverez là une étude sur les rêves pleine de suggestions et d'éclaircissements. Certains rêves ne signifient rien, rêves sans suite, fragments des souvenirs de la journée, de la veille, de la semaine écoulée ou du dernier mois, fragments décousus, ajustés comme une sorte de mosaïque. Irrationnels, incohérents, ils sont dus pour la plupart à une pression sur un vaisseau du cerveau ou à une circulation du sang plus intense, ou à un arrêt dans quelque petite veine causé par une mauvaise digestion. Vous pouvez écarter ceux de cette catégorie, ils ne signifient rien. [2]

Puis, vous arrivez aux rêves qui sont encore physiques, mais appartiennent déjà plus à la partie éthérique du corps. Nombre d'expériences ont été faites quant aux rêves occasionnés par un choc. Vous en trouverez beaucoup d'exemples dans le livre précité. Je n'en retiendrai qu'un seul pour vous indiquer ce genre de rêve ; il est dramatique. On toucha à la nuque un homme endormi, ce qui le réveilla. En s'éveillant, il dit : "J'ai eu un rêve horrible. Je rêvais que j'avais tué un homme ; pour ce meurtre j'étais traduit devant le tribunal, jugé, condamné, conduit en cellule, amené devant la guillotine. Au moment où le couteau me frôla, je m'éveillai !" Ce rêve dramatique fut provoqué par l'attouchement sur le cou : le tout se passa avec une extrême rapidité et ne dura pas même une minute, mais dans ce court instant, ce long rêve eut le temps d'être vécu. De nombreux exemples de ce genre ont été relevés à la suite des patientes recherches sur la nature des rêves ; celles-ci ont conduit à cette conclusion psychologique : la pensée agit hors du corps dans une matière plus subtile que celle qu'elle emploie dans

---

2   Voir aussi *Les Rêves*, par C. W. LEADBEATER.

le corps physique ; cela explique la succession bien plus rapide d'états de conscience qui n'auraient pu avoir lieu dans le cerveau dans le même laps de temps. Cette sorte de rêves n'est pas très significative ; ils sont causés par quelque impact extérieur, qui n'est même pas forcément physique ; une pensée traversant l'esprit peut interrompre le rêve.

Il existe une autre classe de rêves ; ceux-là sont les réelles expériences de l'homme en dehors de son cerveau physique, expériences de l'homme revêtu de matière astrale plus subtile et vivant dans le monde astral. Ces rêves ont leur valeur ; en vous éveillant, ils vous paraissent très vivants. Par eux, vous pouvez parfois obtenir une connaissance que vous ne possédez pas à l'état de veille. Vous trouverez quelques exemples de ceux-ci dans *La Personnalité Humaine* de Frederick Myers. Il a réuni un certain nombre de rêves dans lesquels certaines connaissances, qui n'avaient pu être acquises à l'état de veille, le furent pendant le sommeil.

Tentez vous-mêmes l'expérience. Si les problèmes de mathématiques vous intéressent ou s'il est une autre question dont vous cherchiez la solution, mettez-la dans votre esprit en allant vous coucher : n'y *pensez* pas, parce que cela vous tiendrait éveillés, mais traitez votre esprit comme s'il était une boite.

Mettez la question dans la boite et ne vous en oc-
cupez plus. Le matin, vous trouverez généralement
la réponse. À une époque, il me plaisait de chercher
à résoudre de difficiles problèmes de mathématiques. Le soir, je pensais à une de ces questions dont
je n'avais pu trouver la solution et j'employais le
moyen précité. Le matin, cette solution se présen-
tait elle-même à mon esprit et je l'écrivais avant
d'être complètement éveillée. Il est difficile en revenant dans son corps physique d'impressionner
son cerveau. Si vous désirez faire ces expériences,
mettez un crayon et un papier auprès de vous et
écrivez, avant d'être tout à fait éveillés, la solution
trouvée. Robert Louis Stevenson nous dit que son
livre, *Dr Jekill and M. Hyde,* lui fut suggéré la nuit
par son "Brownies" [3]. Mozart, le grand musicien,
disait qu'il entendait ainsi ses grandes composi-
tions ; revenu à l'état normal il écrivait note par
note ce qu'il avait entendu alors simultanément.
Le grand poète Tennyson eut une expérience du
même genre. En répétant son nom maintes et
maintes fois, il arrivait à s'hypnotiser et il entrait
alors dans un état impossible à décrire dans lequel
toutes choses lui paraissaient lucides, où "la mort

---

3   Esprit familier. — (NDT)

était une impossibilité risible et où la perte de l'individualité semblait être la seule vie véritable". Mais Tennyson était un génie et ces phénomènes se manifestent plus facilement chez un génie que chez l'homme ordinaire.

Vous pourriez tenter aussi une autre expérience. Admettons que vous connaissiez une personne se trouvant dans la peine ou quelqu'un dominé par un vice. Mais vous êtes éloigné, et ne pouvez aller au secours de votre ami. Pensez à lui au moment de vous endormir ; pensez que vous désirez vous trouver auprès de lui et le consoler. Dès que vous serez endormi, votre pensée vous amènera en sa présence et vous pourrez adoucir sa peine. Bien des vices ont été ainsi enrayés. L'ivrognerie a été corrigée de cette manière. Pendant les heures de sommeil, l'homme reçoit plus facilement les impressions ; vous pourrez aller à lui astralement et lui exposer des arguments qui l'arrêteraient dans sa conscience de veille. Sur le plan astral, ces pensées s'imprimeront sur son esprit et à son réveil lui sembleront être le fruit de ses propres réflexions. Vous pouvez donc aider un ami par ce moyen ; il est à la portée de chacun de nous et ne demande aucun entrainement spécial.

Il en est de même pour ceux que vous aimez et dont la mort vous a séparés. Parfois, vous rêvez d'eux. En réalité, ça n'est pas un rêve ou de l'imagination ; la réunion est réelle dans le monde où vous pénétrez lorsque votre corps est endormi. Pensez aux êtres que vous avez aimés, laissez votre esprit se fixer sur leur souvenir ; dans vos heures de sommeil, vous serez avec eux, éveillé. Et c'est seulement lorsque vous reviendrez à la vie consciente — que les hommes appellent consciente, mais qui est considérée comme le sommeil dans les mondes supérieurs — que vous leur semblerez retomber endormis puisque vous ne serez plus sensibles ni à leur contact ni à leur présence. Vous pouvez, de cette manière, leur apporter une grande aide. En vous développant, vous devenez ce que nous appelons "éveillés" sur le plan astral. Cela veut dire que vos sens astraux sont tournés vers l'extérieur. Vous voyez, sentez, écoutez, connaissez et pouvez agir, parler aussi librement qu'ici-bas — que dis-je, plus librement encore. Et lorsqu'une grande calamité survient, un tremblement de terre, un naufrage ou une guerre meurtrière comme celle qui est engagée en ce moment dans l'Est de l'Europe [4], vous

---

4   Dans les Balkans, en 1912. — (NDT)

pouvez, si vous en avez le désir, devenir un aide; vous pouvez secourir ces malheureux arrachés violemment de leurs corps physiques dans l'ardeur de la lutte, courroucés, frémissants, ne sachant où ils se trouvent, ni ce qui leur est arrivé. Vous pouvez aller à eux, semblables à des anges de miséricorde, calmant, adoucissant, consolant, lorsque vous aurez appris à devenir conscient dans les mondes supérieurs.

Et quand vous possèderez cette conscience, vous cesserez de craindre la mort, car ce monde dans lequel nous pénétrons chaque nuit est celui-là même qui deviendra notre demeure après la mort. Quelques chrétiens lui donnent le nom de "monde intermédiaire", intermédiaire entre ce monde-ci et le ciel. Les Indous l'appellent "Kamaloka", la région du désir, de la sensation. En réalité, c'est le monde de l'émotion. Quand vous mourez, vous laissez simplement le corps physique de côté ainsi que vous l'avez fait chaque nuit pendant le sommeil et vous passez dans le monde astral qui vous était déjà familier, tandis que vous viviez dans le corps physique. Quand vous vous réveillerez dans cette nouvelle région, après le sommeil que les hommes appellent la mort, vous vous retrouverez semblables à ce que vous étiez sur le plan physique. Vos émotions, vos pensées, votre savoir seront les mêmes. Vous ne serez pas changés; mais les conditions dans lesquelles vous vous trouverez dépendront de la vie que vous aurez menée ici-bas. Et voici pourquoi il est utile de savoir ce qui nous attend de l'autre côté de la mort.

Pour ceux qui sont chrétiens et ont été élevés dans la vieille croyance de l'enfer éternel, la mort — même pour les meilleurs d'entre eux — est souvent un sujet de crainte. Les plus raisonnables, ne se trouvant pas suffisamment parfaits, pour jouir d'un ciel éternel, ni assez mauvais pour endurer les tourments d'un enfer éternel, ne se soucient plus de rien et disent: "Attendons d'y être". En effet, ils s'y trouveront assez bien, mais cela n'est tout de même pas la meilleure manière d'affronter un monde inconnu.

Les catholiques romains appellent ce monde le purgatoire. Pourvu que vous ne soyez pas mort en état de péché mortel, l'Église peut arranger les choses et, même si elle demeure impuissante, il reste ces grandes miséricordes surérogatoires du Tout Puissant qui sauvera l'âme perdue des souffrances perpétuelles. Le purgatoire cependant ne convient pas ainsi que l'Église le suppose, à tous ceux qui ne sont pas des Saints! Il devient la demeure de ceux qui ont vécu dans le péché flagrant et grossier, principalement de ceux qui ont été intempérants, ivrognes, dissolus. Ces trois grands péchés corporels impliquent de terribles souffrances de l'autre côté de la mort. Elles ne sont pas provoquées par la colère de Dieu, car Dieu est amour; ni par esprit de vengeance, car Il est le Père de toutes les âmes qu'Il a créées; mais, ayant succombé à ces désirs, à ces passions qui procèdent du corps astral, tous ces appétits demeurent aussi vivaces dans l'au-delà cependant que le corps physique, l'instrument qui permet de les satisfaire à été détruit par la main glacée de la mort. Voilà le véritable enfer, les passions inassouvies de l'ivrogne pour la boisson, du glouton pour les mets savoureux, du sensuel pour les délices des sens. Et ces désirs ardents qui ont infiniment plus de force que les désirs terrestres ne peuvent plus être satisfaits. Ne pouvant plus entrer en contact avec l'objet souhaité, leurs passions les brulent comme un feu dévorant jusqu'à ce qu'elles s'épuisent à la longue, n'étant plus alimentées. Si vous avez laissé croitre vos passions et que la mort vous surprenne, l'au-delà, en vérité, vous réservera de vives souffrances car, selon la Loi, ce que vous avez semé, vous le récolterez. Vous êtes votre propre bourreau et votre folie seule vous rendra malheureux de l'autre côté de la mort.

Mais quantité de gens ne souffrent pas, et cependant ne sont pas heureux; un ennui profond est leur partage; c'est parce qu'ils ne se sont intéressés dans la vie qu'aux choses insignifiantes. Si vous ne prenez plaisir qu'aux distractions frivoles; si les occupations intellectuelles sont sans attrait pour vous; si vous ne vous souciez ni de l'art, ni de la littérature, ni de rien qui éveille les émotions élevées; si vous aimez le jeu, les paris; si vous allez à l'église simplement pour y voir les dernières modes, je suis dans l'obligation d'affirmer que vous ne serez pas très heureux après votre mort et cela pendant une période assez longue. Rien ne vous intéressera; vous ne pourrez y satisfaire ni les frivolités de la vie, ni les occupations de la maison, ni toutes les petites choses qui remplissaient votre existence. Vous direz peut-être: "Je suis obligé de m'occuper des travaux fatigants de la maison ou de remplir les devoirs de mon métier. Voulez-vous dire que de l'autre côté de la mort, j'aurai à supporter pour cela, non des souffrances, mais un ennui inexprimable?". Il y a un moyen par lequel vous pouvez l'éviter. Accomplissez le travail vulgaire auquel vous êtes astreint, en le considérant comme partie intégrante de l'activité Divine, comme une participation consciente à l'oeuvre de Dieu dans le monde par lequel la société est maintenue. Si vous considérez comme telle la besogne du marchand qui nous assure notre subsistance, de l'homme de loi qui aide la justice divine à se manifester, du magistrat qui applique la loi divine pour le bien des hommes, du médecin qui personnifie le divin pouvoir de soulager, de la mère dont les soins pleins d'amour symbolisent la divine Maternité qui alimente le monde et rend possible la vie et la santé, du législateur qui traduit en pensées la loi divine, si vous rattachez constamment vos occupations journalières aux oeuvres universelles qui sont divines, alors vous serez transportés, au-delà du devoir trivial et de ses limitations, au-delà des détails mesquins de l'existence terrestre, dans la gloire de l'activité divine, à l'oeuvre du Tout Puissant dans Son univers.

Mais cette doctrine n'est pas nouvelle. Rappelez-vous comment Georges Herbert l'a enseignée en parlant d'une servante qui balaie une chambre :

"A servant with this clause
Makes drudgery divine

Who sweeps a room as for Thy laves
Makes that and th'action fine." [5]

Considérez le cas suivant : pensez à cette classe humiliée, réprouvée, impure avec laquelle vous
évitez ici tout contact, la classe des boueux. Mais
grâce à leur besogne malpropre, nous jouissons de
la propreté ; par leur misère, notre santé est préser-
vée ; par leur dégradation nos gouts raffinés sont
satisfaits ; comme le lotus sort de la vase, ainsi nos
penchants délicats s'affirment grâce à leurs travaux qui sont indispensables à la société. Dites-
leur qu'ils coopèrent avec la nature. Instruisez-les,
éveillez leur intelligence ; persuadez-les que leur
besogne fait partie du noble travail de la Nature.
Dites-leur que la santé publique dépend de leur
ouvrage   exactement   accompli.   Efforcez-vous
de leur faire comprendre que de la corruption la
Nature fait sortir la fleur, qu'elle efface l'impureté
et la change en parfum. Si vous arrivez à les pénétrer de ces vérités et si d'autre part, vous-mêmes
comprenez qu'ils doivent être honorés et non mé-

---

5   La servante, dans cet esprit,
      Rend tout labeur divin
      Qui balaie une chambre pour obéir à Ta loi
      Ennoblit cette besogne et son accomplissement.

prisés vous aurez alors appris le grand secret de la vie spirituelle. Vous saurez que Dieu est l'unique Ouvrier et que dès lors tout travail est honorable et doit être respecté.

Méditez ces idées; quand vous les aurez assimilées, vous comprendrez mieux la vie. Tous ceux qui ne sont pas physiquement vicieux, tous ceux dont les aptitudes et les émotions ne sont pas vulgaires, jouiront dans le monde intermédiaire de l'autre côté de la mort d'une vie de bonheur et de jouissances intenses; ils pourront aussi être bien plus utiles à l'homme que sur le plan physique.

J'ai esquissé rapidement un sujet très complexe et cherché à remplir les lacunes en vous indiquant quelques ouvrages dans lesquels vous pourrez trouver de plus amples renseignements. Je puis seulement vous dire en terminant cette seconde partie de notre étude: augmentez vos connaissances; comprenez que la loi régit le monde et que vos émotions aussi bien que le fonctionnement de l'univers sont soumis à son contrôle. Si vous apprenez à guider, à diriger vos sentiments, à leur imposer votre autorité; si vous ne leur permettez pas de vous emporter à la dérive, cette connaissance, cette compréhension de la loi rendra votre existence calme et forte. Vous comprendrez que cette courte étude, forcément superficielle, vaut la peine d'être poursuivie dans vos heures de loisir, guidés par votre propre intelligence. La simple indication que je vous ai donnée aujourd'hui peut vous mener sur le chemin d'un savoir et d'une vertu qui illumineront votre vie et vous donneront une mort paisible.

Les étudiants pourront lire *Le Plan Astral et Clairvoyance* ainsi que les chapitres traitant du plan astral dans *La Sagesse Antique, Les Lois fondamentales de la théosophie.* Les expériences d'hypnotisme peuvent être étudiées dans l'ouvrage de Binet et Féré, traitant cette question et dans *La Grande Hystérie* de Charcot.

III

LA VIE DE L'HOMME DANS LE MONDE MENTAL ET APRÈS LA MORT

Nous aborderons maintenant le troisième sujet, le plus intéressant peut-être de ceux que nous avons à traiter. Nous parlerons de l'intellect, de son monde, et ce qu'il devient après la mort de l'homme en tant qu'intelligence. Vous vous souvenez que dans notre première conférence, j'ai fait allusion à William-Kingdon Clifford. Il employait l'expression de substance mentale. Or le professeur Clifford était un agnostique ; il serait peut-être allé plus loin encore en définissant son opinion philosophique. Il ne croyait pas à la survie de la conscience individuelle après la mort, mais il pensait que cette conscience individuelle retournait alors dans le grand océan de conscience cosmique. Comme tout savant, il était habitué à toujours trouver, lorsque la vie ou la force se manifestent, la présence d'une forme de matière servant de véhicule à l'action de cette force ; de là, il concluait que la pensée étant un phénomène indiscutable dans notre monde, il devait exister quelque type spécial de matière, répondant à la pensée, agissant comme son milieu de manifestation et produisant ses effets dans notre monde. Ce raisonnement ne dépassait pas les limites de la science ordinaire ; mais il ne pouvait aller moins loin. Il pensait donc que l'intelligence arrivait à se manifester par cette "substance mentale" de même que les vagues d'éther se trouvent en rapport avec la vue et que les vagues d'air portent à l'oreille les vibrations qu'on appelle le son. Soit que vous considériez avec nous l'Esprit de l'homme comme une Intelligence immortelle ou bien comme une manifestation temporaire de conscience, il ne vous semblera pas déraisonnable que nous nous attendions à trouver quelque type de matière correspondant à cette Intelligence, comme l'oeil à la lumière et l'oreille au son. D'après nous, notre Esprit immortel, ou plutôt éternel, afin d'entrer en contact avec les mondes inférieurs, s'approprie de la matière appartenant à ces mondes. Ainsi que nous l'avons vu dans la première de nos réunions, l'Esprit apparaît comme Volonté, Sagesse

et Activité Créatrice; de même donc, l'Esprit devra emprunter à chacun de ces trois mondes de la
pensée, de l'émotion et de la volonté, la matière
dans laquelle il s'enrobera afin de pouvoir se manifester. J'ai dit trois mondes; le seul point que je
vous demanderai d'accepter pour le moment à titre de simple hypothèse, c'est que chacun de ces
mondes se distingue des autres par le type de son
atome fondamental. Ceci n'est pas, naturellement,
reconnu par la science ordinaire. Nous prétendons
ceci: de même que les solides, les liquides et les gaz
— nous disons aussi l'éther — sont simplement
des agrégations de l'atome ultime physique, de
même dans le monde de l'émotion et dans celui de
la pensée, il y a un atome ultime duquel toutes les
agrégations sont composées, les états de matière
étant simplement ce même atome combiné de différentes façons. Connaissant ces états de matière
dans le monde physique sous la forme de solides,
de liquides et de gaz, vous pouvez vous les imaginer dans les mondes émotionnel et mental et penser à un monde composé de "substance mentale",
matière dans laquelle la pensée se manifeste.

De ces trois mondes, deux nous sont fermés,
du moins en ce qui concerne la perception de
leurs phénomènes. Par notre cerveau, nous obte-

nons la connaissance d'un seul monde, mais notre conscience est à l'oeuvre dans les trois. La matière la plus subtile est aussi réelle que la plus dense. Je prierai mes amis indous de ne pas discuter, pour l'instants au sujet de ce mot "réel"; je ne parle pas métaphysique. Mais il vous faut retenir que, dans notre monde physique, c'est au moyen de cette matière plus subtile que la conscience peut prendre contact avec le monde extérieur. Oui, dites-vous, tout cela est très bien; nous vous accordons que nous entendons au moyen d'ondulations de l'air que nous ne pouvons voir normalement; que les ondulations d'éther nous permettent de voir, bien qu'elles soient invisibles pour nous. Mais vous prétendez qu'il y a d'autres formes de matière invisible qui transmettent aussi certaines formes distinctes de connaissance à la conscience. Sachez donc que votre cerveau est en voie d'évolution; il n'est pas parfait; il se développe, il n'est pas complet. Vous avez développé dans votre corps physique les organes des cinq sens dont la conscience se sert pour entrer en contact avec le monde extérieur; exactement de la même manière, vous devez développer maintenant dans le cerveau deux organes de l'avenir qui permettront à la conscience de veille de l'homme, travaillant dans le cerveau, d'obtenir la

connaissance des phénomènes des mondes émotionnel et mental. Naturellement, cette opinion ne
concorde pas exactement avec celle de la Science
ordinaire, mais nos connaissances sur ce sujet se
sont un peu augmentées ces dernières années.

Ces deux organes auxquels on prête si peu d'attention sont le corps pituitaire et la glande pinéale.
Des recherches faites à cet égard ont simplement
fait découvrir que la glande pinéale produit une
sécrétion interne et que le corps pituitaire entre en
jeu dans certains cas de croissance anormale. Les
savants reconnaissent aussi que si l'on boit de l'alcool, la partie volatile montant à travers les ouver-
tures internes jusqu'à ce corps pituitaire empoi-
sonne celui-ci très rapidement et gravement. C'est
tout ce que la science nous dit à ce sujet.

Nous, nous disons que la connaissance des phénomènes du monde astral nous est transmise par
le corps pituitaire. Il sera l'organe, dans l'avenir,
du sens par lequel cette connaissance parviendra à
l'homme dans sa conscience de veille. Nous savons
aussi, par expérience personnelle, que si l'on essaye
de développer la vue et les autres sens du monde
astral, il faut prendre des précautions ; car on peut,
en imposant de trop grands efforts à cette partie
du cerveau, amener une inflammation du corps pi-

tuitaire, très difficile à traiter et de laquelle il n'est pas aisé de se débarrasser complètement. Je dis ceci simplement pour indiquer le rapport ; tirez-en la déduction qu'il vous plaira.

À notre avis, la glande pinéale est appelée à mettre le cerveau en contact avec le monde mental. Des recherches tout à fait récentes seront d'une grande utilité à cet égard. Un neurologiste allemand célèbre, von Frankl Hachwart, cherche à découvrir les fonctions de la glande pinéale. Il dit que bien qu'il ne puisse encore donner de renseignement précis, il est certain qu'un rapport existe entre cet organe et la mentalité de l'homme. Un fait physiologique bien connu, c'est que certaines sécrétions de cette glande ne se trouvent pas dans le cerveau d'un nouveau-né, ni dans celui d'un homme très âgé, ni dans celui d'un idiot ; on les trouve seulement dans le cerveau d'un homme qui meurt en pleine activité mentale.

Vous avez là un simple indice — je ne prétends pas à autre chose — ouvrant le chemin à des recherches ultérieures. Et, je ne crains pas de le dire, ainsi que maintes fois déjà, l'opinion des Voyants et des Mystiques d'aujourd'hui sera adoptée par la science de demain. Je n'insisterai pas davantage.

Donc, cette question trouvera sa solution dans l'avenir, quand la connaissance des autres mondes parviendra à notre conscience à l'état de veille. Je vous le dis positivement, on peut obtenir cette connaissance en agissant sur ces organes dans le cerveau et en pratiquant en même temps la méditation pendant une période fort longue. Un certain nombre de personnes, ici et ailleurs ont développé la possibilité de connaitre et d'observer, à l'état de veille, les phénomènes des mondes mental et astral. Je vous parlerai aussi des mystiques à propos d'une conférence très intéressante faite par le doyen de la cathédrale Saint-Paul ; vous avez pu en lire le compte rendu dans le Times qui commentait quelques-unes des questions soulevées.

D'après notre point de vue, le corps mental, ainsi que nous l'appelons, ou les organes de la mentalité dans votre corps physique — car il interpénètre celui-ci — est fait de cette substance mentale, et il est organisé par la pensée. Plus vous exercez votre pensée, plus cette partie mentale de votre corps s'organise. Cette action créatrice de la pensée agit physiquement sur le cerveau et mentalement par la croissance de l'intelligence ; elle agit encore moralement par la construction du caractère. Souvenez-vous que nous parlons de ce qui est un reflet de la divine Activité Créatrice, l'activité de la troisième Personne de la Trinité, au Trimourti qui amène les mondes à l'existence. Votre Esprit, votre Intelligence est pour vous ce que le Divin Esprit créateur est à un univers ; c'est l'unique faculté créatrice à votre disposition, le pouvoir par lequel vous pouvez vous transformer, jusqu'à un certain point comme cerveau, largement comme intelligence, et entièrement en ce qui concerne la moralité. Ce pouvoir est en vous ; il vous faut seulement apprendre à l'employer. J'essaierai de vous indiquer la voie à suivre qui vous prouvera que ce pouvoir est une Loi de la Nature.

"Ce à quoi un homme pense, il le devient". Je cite là, et un grand nombre parmi vous le connaissent, un vieux verset des *Upanishads* des Indous. On retrouve la même pensée exprimée par le roi juif Salomon : "Ce à quoi un homme pense, il l'est."

Il importe peu que vous suiviez les préceptes de l'un ou l'autre Sage, indou ou juif ; tous deux énoncent une loi de la nature, trop oubliée de nos jours.

En ce qui concerne le cerveau, l'action créatrice de la pensée agit sur lui et active sa croissance. Prenez un bon traité d'anatomie et étudiez le mécanisme du cerveau. Vous y verrez que le cerveau du petit enfant est comparativement lisse ; que le cerveau du penseur, mort dans l'âge mûr témoigne d'une augmentation considérable du nombre des circonvolutions. Vous trouverez aussi, si vous lisez un livre traitant de physiologie, plutôt que d'anatomie, qu'il existe dans le cerveau un certain groupe de cellules grandes et munies d'un noyau, mais comparativement peu nombreuses. Chez le nouveau-né, ces cellules sont absolument séparées. Après l'âge de sept ans, elles commencent à se relier par les pédoncules qui émanent d'elles-mêmes. Lorsque la pensée se développe, que l'enfant commence à raisonner, à juger, à comparer, l'intelligence agissant sur le cerveau qui doit être l'instrument de la pensée, stimule la croissance et modifie ces cellules. Celles-ci produisent de petites radicelles, ces radicelles s'anastomosent et, graduellement, il se forme une sorte de trame ou de réseau qui relie toutes les cellules entre elles. Elles n'augmentent pas en nombre, mais en volume, et les radicelles se multiplient. À mesure que l'intelligence de l'enfant progresse par le raisonnement, il y a extension de la substance du cerveau et l'instrument de la pensée s'améliore. De là, bien des médecins concluent qu'il est préférable de chercher plutôt à développer le pouvoir d'observation que celui du raisonnement chez un enfant au-dessous de sept ans ; il ne faut pas non plus exiger de lui une somme d'intelligence pour laquelle il n'a pas encore développé la base matérielle nécessaire. Ainsi, vous voyez que même sur ce cerveau résistant composé de matière physique dense, l'activité créatrice de la pensée produit un certain effet.

Parlons maintenant du caractère. Je ne prétends nullement que vous adoptiez mes vues à ce sujet. Je vous propose une simple expérience que vous pourrez tenter vous-mêmes, afin de prouver l'existence de la loi de laquelle je vais vous entretenir. Je dis qu'il existe une loi de la Nature, par laquelle l'intellect en fixant son attention sur une vertu, amène graduellement cette vertu à faire partie du caractère ; elle se manifeste ensuite automatiquement et sans effort. Un homme peut donc délibérément construire son caractère comme il lui convient, à condition de travailler en accord avec cette loi et en l'observant avec toute la patience et la persévérance que ces expériences exigent.

Voici la manière de procéder. Étudiez votre caractère et arrêtez-vous à un de vos points faibles, absence de vérité, lâcheté, irritabilité, enfin un vice ou un défaut quelconque. Lorsque vous aurez reconnu que vous succombez généralement à ce mauvais penchant ; que si une personne vous contrarie, vous devenez irritable ; que si vous vous trouvez en face d'un danger, vous êtes lâche ; que si une difficulté se présente, vous avez recours au mensonge, laissez cela de côté et n'y pensez plus. Appesantissez-vous sur la vertu opposée et ne pensez plus jamais au défaut. Chaque fois que l'intellect s'arrête sur une faiblesse, celle-ci se trouve augmentée par la force même de votre pensée et persiste au lieu de disparaitre. Même si vous éprouvez des regrets, la vie qui anime la pensée, vitalise cette faiblesse ; votre regret l'augmente et l'enracine dans le caractère. Rejetez-la derrière vous. Ne permettez jamais à votre esprit de s'y arrêter, ne fut-ce qu'un instant, mais pensez à la vertu opposée. Il ne suffit pas d'y penser fortuitement. Chaque matin, quand vous vous levez, avant de sortir et de vous mêler aux autres, fixez votre intellect pendant deux, trois, quatre ou cinq minutes, selon votre pouvoir de concentration, sur la vertu que vous désirez édifier. Faites cela avec persévérance chaque matin ; ne manquez pas un seul jour ; sans cela, la matière du corps mental tendra à perdre la forme que vous cherchez à lui imposer et à reprendre celle qu'elle avait primitivement. Chaque jour, automatiquement, vous retomberez dans la faute que vous cherchez à corriger; ne vous en préoccupez pas; continuez; chaque matin concentrez-vous sur la vertu désirée. Admettons que vous cherchiez à acquérir de la patience; vous pensez à la patience le matin; dans la journée, quelqu'un vous impatiente; vous lui répondez avec irritation; mais, tout en répondant, cette pensée vous viendra à l'esprit: "Oh, je voulais être patient". Cela ne fait, rien! Quand vous aurez médité sur la patience pendant quatre ou cinq jours, à l'instant où les paroles irritées s'échapperont de vos lèvres, vous vous direz: "Je voulais être patient". Continuez avec persévérance et bientôt la pensée de la patience se présentera avant que la réponse trop vive n'ait été donnée et vous réprimerez la parole, si ce n'est la pensée. Continuez avec persévérance, le temps qui vous sera nécessaire, dépendra de votre concentration, du pouvoir de votre pensée; mais tôt ou tard, l'irritabilité disparaitra complètement et sera remplacée par la patience. Vous constaterez que d'une manière automatique, vous répondez à la provocation par la patience, à la colère par la douceur. Vous aurez construit dans votre corps mental la vertu à laquelle vous aspiriez. Vous pouvez méditer de différentes manières selon votre ingéniosité à vous tracer un plan. Un de mes

moyens favoris — j'étais très irritable étant jeune
— était de m'efforcer de personnifier la patience ;
vous n'avez jamais vu une sainte telle que moi
pendant ma méditation. N'importe ce que j'avais
pu être en dehors de cette heure pendant la journée, je devenais alors absolument, complètement,
parfaitement patiente ! Mentalement, je réunissais
autour de moi les gens les plus désagréables, les
plus agaçants de ma connaissance ; en imagination j'exagérais leurs manières provocantes et, dans
la même proportion, je cherchais à accroitre ma
patience. J'élaborais ainsi un petit drame mental
dans lequel on s'efforçait de m'irriter par tous les
moyens possibles, provocations auxquelles je ré-
pondais comme une Grisélidis moderne. Après
un certain temps, je m'aperçus, en rencontrant ces
personnes, qu'elles avaient perdu tout pouvoir de
m'irriter. "Pourquoi trouvais-je ces personnes si
ennuyeuses ?" me demandai-je. Inconsciemment,
par mes efforts, la patience était devenue partie intégrante de mon caractère. Chacun de vous peut
en faire autant. Essayez, car la moindre expérience
faite par vous-même vaut cent conférences écou-
tées en doutant de leur véracité. La Loi étant immuable, inévitablement, vous devez réussir. Vous
pouvez ainsi acquérir une vertu après l'autre, por-

tant votre attention sur chaque trait caractéristique
jusqu'au moment où vous trouverez que vous vous
rapprochez un peu de votre Idéal ; si éloigné que
vous en soyez encore, vous saurez que vous gravis-
sez la montagne dont le sommet est illuminé par
Sa présence et que vous ne vous contentez plus de
marquer le pas à sa base. Je n'ai pas le temps de
vous donner d'autres exemples.

Considérez maintenant l'intelligence. Si vous
désirez la développer puissamment, il vous faut
penser profondément ; vous ne devez reculer devant aucun effort mental. Chaque jour, sans jamais
manquer, vous devriez lire — ne fût-ce qu'une de-
mi-page — d'un livre difficile à comprendre afin
d'exercer vos muscles mentaux et de les fortifier.
Mais la méditation est le grand moyen pour développer l'intellect. Beaucoup d'entre vous pensent
que la méditation est une pratique purement religieuse. Religieuse, assurément, dans ce sens que
tout ce qui est bon trouve sa place dans la religion ;
mais en dehors de la valeur religieuse de la méditation, il y a sa valeur mentale. Elle vous donne le
pouvoir de concentration, le pouvoir de ne pas vous
laisser distraire par un objet passager qui sans cela
absorberait votre attention, le pouvoir de fixer votre esprit sur une seule pensée et de ne pas le laisser

s'en détacher jusqu'à ce que vous l'ayez complètement approfondie : voilà les résultats de la méditation, aussi utiles en ce monde qu'ils sont nécessaires pour nous préparer à la vie de l'au-delà. Si vous vouliez méditer seulement dix minutes ou un quart d'heure chaque jour, vous constateriez l'accroissement du pouvoir de votre pensée. Tels passages de vos lectures que vous n'aurez pas compris tout d'abord vous deviendront, après cet exercice, parfaitement intelligibles ; car l'homme peut modifier son intelligence aussi bien que son caractère moral. Quand vous lisez dans le but de développer votre intelligence, il faut vous efforcer de pénétrer la pensée de l'auteur, il n'est pas suffisant de s'arrêter aux paroles écrites. Le mot n'exprime que la moitié de la pensée, quelquefois moins encore ; si vous lisez un livre rapidement, tournant page après page, et ne retenant que les points principaux, cela n'aidera pas beaucoup votre intelligence à se développer. Mais prenez un sujet difficile et réfléchissez à un passage plus longuement que vous n'avez mis de temps à le lire, voilà qui aidera votre intelligence à se développer ; de plus, vous perdrez cette mauvaise habitude moderne d'éparpiller son attention sur une douzaine de sujets différents, n'obtenant ainsi aucune connaissance précise, approfondie ;

l'intelligence doit se rendre maitresse du sujet qu'elle étudie.

La pensée crée une habitude dans l'intellect. N'avez-vous jamais été frappé par ce fait que la lecture des journaux avec leurs courts paragraphes donnant des nouvelles de toutes les parties du monde habitue l'esprit à s'éparpiller, à ne pas se fixer ? De nos jours, la lecture des journaux s'impose ; nous devons savoir ce qui se passe autour de nous. Mais, pour remédier à ce vagabondage de l'esprit, vous devriez avoir un livre d'une pensée soutenue et suivie, même si vous n'avez que très peu de temps à consacrer à son étude. Cela corrigera l'habitude de laisser errer votre attention, habitude qui nait inévitablement de la lecture quotidienne des courts paragraphes. C'est à peine maintenant si un journal donne un article sérieux exigeant un effort de pensée. Les rédacteurs s'efforcent de résumer et d'énoncer une opinion dont leurs lecteurs se font l'écho ; rarement, une colonne nous fournit un raisonnement serré et suivi, mais chaque journal consacre une colonne à des paragraphes d'une dizaine ou d'une vingtaine de lignes. Si l'on s'intéresse à ceux-ci plutôt qu'à ceux demandant quelque réflexion, cela dénote un esprit peu cultivé ; semblable au papillon allant d'une fleur à l'autre, il ne recueille pas une nourriture suffisante pour les jours à venir. Comme nous sommes obligés de lire des journaux, nous devrions compenser les désavantages inhérents à leur genre d'information par la méditation ou par une lecture sérieuse ; de cette façon, nous ne prendrions pas cette funeste habitude de sauter d'un sujet à un autre, et ne gaspillerions pas nos forces intellectuelles qui pourraient nous faire défaut alors que nous en aurions le plus besoin.

Une autre habitude importante est la maitrise de la pensée. Ne fût-ce que dans une petite mesure, combien d'entre vous y parviennent ? N'êtes-vous pas dominés par votre mental ? La preuve est très facile à obtenir. Un souci peut-il vous empêcher de dormir ? S'il en est ainsi, c'est que votre mental vous domine et non vous qui le maitrisez. Il doit être à tel point votre serviteur que s'il vous faut pendant le jour vous occuper de ce souci, la nuit vous devez entièrement l'exclure de votre esprit ; vous devez pouvoir envisager sans lui permettre de pénétrer dans votre esprit et d'épuiser vos forces pour le lendemain. Il faudrait être si bien maitre de votre pensée que vous ne devriez jamais vous tourmenter. Il est reconnu que les tracas usent une personne ; le travail, jamais. Les tourments agissent comme le mouvement d'une machine dont les roues tournent à vide et s'usent plus rapidement que lorsque la machine fonctionne utilement. Votre cerveau est une machine. Ne permettez pas à la pensée de l'excéder quand il ne doit rien faire d'utile. Vous devez garder la porte, la clé de votre propre cerveau et mettre dehors tout ce qui ne vous est pas nécessaire, et cela doit comprendre toutes choses auxquelles il est sans utilité de penser pour l'instant. Voilà ce que la sagesse exige : ne jamais penser à une question troublante à moins qu'elle ne puisse accroitre votre pouvoir de surmonter les difficultés et ceci ne peut s'appliquer au mot tourment : se tourmenter signifie ressasser un ennui : penser à ce que telle ou telle personne dira. Arrêtez cela, si vous attachez de l'importance au pouvoir de la pensée. Le mental doit être sous votre contrôle et obéir à votre volonté.

Le monde mental est un monde réel. J'ai dit en parlant de la pensée qu'elle se manifestait ici-bas au moyen du cerveau, dans la conscience de veille. Mais son propre monde, le monde mental est aussi réel — que dis-je ? beaucoup plus réel — que ce monde physique dans lequel vous vivez. Là, les pensées, ainsi qu'il a été dit souvent, sont des choses ; là, les pensées ont leurs formes. Elles

sont souvent reconnaissables à leurs formes; tout
le temps que vous pensez, vous agissez sur de la
matière mentale, construisant des formes-pensées,
lesquelles sont transmissibles. Vous savez ce que
l'on entend par atmosphère mentale. Chaque nation a une atmosphère mentale qui lui est propre.
Vous ne pouvez vous rendre exactement compte
d'un phénomène mental, à moins d'apprendre à
vous débarrasser de l'atmosphère mentale de votre propre nation, de votre propre esprit. Observez
les pays avant qu'ils n'entrent en lutte. La plupart
des conflits sont amenés par des malentendus. Ils
voient le même fait d'une façon différente. Un
Français et un Allemand ne peuvent envisager la
question de l'Alsace-Lorraine sous le même jour;
chacun la voit faussée à travers sa propre atmosphère nationale. Nous sommes constamment en-
tourés de cette atmosphère mentale; dans ce pays-
ci, aux Indes, où des hommes de différentes races
se trouvent mêlés, la moitié des malentendus proviennent de ce simple fait que chaque individu est
entouré de sa propre atmosphère nationale à travers
laquelle il apprécie toute question, toute émotion,
toute action inspirée par son prochain. L'Indou
voit toutes choses à travers une atmosphère indoue
et l'Anglais à travers la sienne; la mésintelligence

en résulte. La plupart des maux ne proviennent pas de réelles divergences d'opinions, mais de simples malentendus, chacun désirant imposer à l'autre les sentiments émanés de sa propre atmosphère mentale qui est entièrement différente.

Car ces pensées, ces formes-pensées, sont des choses qui nous entourent, et toute pensée est transmissible. La forme spéciale de transmission de la pensée connue sous le nom de télépathie (quand un individu envoie délibérément une pensée à une autre personne en s'efforçant de lui communiquer cette pensée qu'il a générée) est un cas particulier de la transmissibilité. Vous pouvez aussi essayer cette autre expérience, bien qu'elle soit plus difficile que la première. Pour commencer, deux d'entre vous devront s'asseoir dans la même pièce, à une petite distance, mais en se tournant le dos. L'un de vous devra penser aussi fortement qu'il lui sera possible, aussi fortement qu'il le pourra à quelque objet déterminé : un triangle ou une figure géométrique quelconque par exemple car on peut se l'imaginer aisément. L'un pense ; l'autre fait, autant qu'il le peut, le vide dans son esprit ; chacun a un crayon et du papier. L'un reproduit la pensée qu'il a dans l'esprit ; l'autre dessine la forme qui lui vient à l'idée sans la discuter et sans se demander si elle est juste. C'est une des conditions de réussite pour cette expérience. Après une semaine ou deux, vous intervertirez les rôles après avoir comparé le résultat de l'envoi et de la réception de la pensée. La même personne ne doit pas toujours recevoir ; elle deviendrait trop négative, trop réceptive aux impressions étrangères. Il n'est pas bon de se rendre passif dans un monde comme le nôtre où tant de pensées mauvaises nous entourent. Lorsque vous constaterez de nombreuses réussites, procédez de même en vous plaçant chacun dans une pièce différente ; puis dans deux maisons différentes ; ensuite, faites l'essai en étant aussi éloignés que possible l'un de l'autre. À moins que vous soyez tout à fait différents des centaines de personnes ayant tenté ces expériences (la Société de Recherches psychiques en a enregistré des quantités de ce genre), vous trouverez une similitude toujours croissante entre la pensée envoyée et celle reçue ; à la longue vous pourrez employer ce procédé avec autant de sureté que la télégraphie sans fil ; ce qu'on obtient du télégraphe par la force électrique, vous l'obtiendrez par la force de la pensée.

J'aborderai maintenant l'état post-mortem dans le monde mental. Une partie de ce monde est ce que vous appelez le ciel — Svarga — votre lieu de naissance et votre réelle demeure. Quand nous commençons à étudier le ciel au moyen du corps mental — souvenez-vous que c'est dans ce corps qu'est l'habitant normal de ce monde — nous constatons que les êtres venant du monde intermédiaire pour passer dans celui-ci, abandonnent leurs corps de matière astrale, exactement comme à leur mort, ils ont abandonné dans le monde physique leurs corps de matière physique. Donc, revêtus du corps mental qui leur a servi pendant — toute leur existence, ils pénètrent dans cette région céleste qui fait partie du monde mental, protégé, débarrassé de toutes souffrances, chagrins, difficultés ; là, ils mènent l'exquise vie céleste et poursuivent l'évolution commencée dans leur existence terrestre.

Très sommairement, vous pouvez diviser les habitants de ce monde céleste en quatre classes :

I.   Ceux qui sur cette terre se sont distingués par leurs sentiments d'amour désintéressés, prodigués principalement à des individus, famille, amis, etc. Ils passent une période de temps considérable avec ceux qu'ils ont aimé sur terre, dans une union bien plus étroite, plus parfaite qu'elle n'était possible alors que cette barrière de chair existait entre eux.

II. La classe suivante comprend les fidèles de toutes religions. L'objet de leur dévotion peut être Celui qu'adorent les chrétiens, les indous, les bouddhistes, les musulmans, les parsis, les juifs, cela importe peu. Les formes sont nombreuses, mais la vie est une en tous ceux auxquels s'adresse votre adoration; vers un seul Dieu montent inévitablement toutes les pensées, toutes les aspirations. Appelez-le du nom qui vous conviendra le mieux: l'étiquette ne compte pas, le divin Coeur est tout. Ceux, qui pendant leur vie terrestre auront adoré une Forme spéciale, retrouveront au ciel cette Forme qui personnifiait Dieu dans leurs aspirations terrestres. Car Dieu se voile toujours Lui-même dans la Forme chère au Coeur de Son adorateur; personne n'est un étranger dans le monde céleste. Chacun y trouve son idéal le plus élevé.

III. Vous arrivez ensuite à une nombreuse classe de gens: ceux-là ont aimé, mais d'une manière plus large, plus féconde; ce sont les philanthropes, ceux qui travaillent pour le bien de l'homme, ceux qui, pour l'amour de la religion, renoncent en grande partie au confort et au plaisir afin d'aider leurs frères en humanité. Ils sont occupés à combiner, à faire des projets, à élaborer des méthodes dont l'avenir verra l'exécution et par lesquelles le monde sera aidé. Ainsi que l'architecte perfectionne ses plans, ainsi ils perfectionnent l'édifice d'amour et de service que, dans les siècles à venir, ils érigeront sur terre pour venir en aide à l'humanité.

IV.   Dans la quatrième classe se trouvent les grands Penseurs, les grands Artistes, ceux qui pratiquent la justice pour l'amour de la justice et non pour la récompense que la religion peut faire luire à leurs yeux ; ceux qui recherchent la connaissance ; ceux qui cultivent les arts. Tous ceux-là se trouvent dans le monde céleste, récoltant ce qu'ils ont semé et serrant aussi, d'après le résultat de leur récolte, pour la moisson prochaine d'une autre vie de Service.

En étudiant ceci — je passe trop rapidement sur ce sujet, mais il est si vaste — vous arriverez à comprendre que cette vie céleste est la conséquence directe de la vie que vous avez menée sur terre. Si vous cultivez l'amour, aimez le plus que vous pourrez; il importe peu que l'objet de votre amour vous rejette, que votre ami vous trahisse. L'amour ne meurt pas. Si vous persistez à aimer en dépit de la malveillance, de la perfidie, de la trahison, dans le monde céleste, votre ami vous sera rendu, ce qui était perdu sur terre vous le retrouverez au ciel. Mais pour cela, votre amour ne doit pas connaitre le découragement, car le fil d'or qui doit être tissé dans la vie céleste ne doit pas être brisé ici-bas. Et il en est de même pour ceux parmi vous qui adorent une Forme divine. Ne vous troublez pas si vous ressentez parfois de la froideur, de l'indifférence; ce n'est pas là votre vie réelle, c'est seulement le flux et le reflux momentané de vos émotions. Conservez pure et forte votre dévotion et, dans le monde céleste, vous vous trouverez aux pieds de l'Objet de votre adoration; pendant de longs siècles vous jouirez de la Beauté infinie vers laquelle se seront élevées vos aspirations, aucun voile ne subsistera entre votre coeur et le Sien.

Et si vous voulez acquérir la Connaissance, c'est ici-bas aussi que vous devez semer. Ici, il vous faut commencer ce que vous poursuivrez ensuite dans le monde céleste; alors, vous rencontrerez les grands

écrivains avec lesquels vous vous trouvez en com-
munion d'idées dans votre corps physique. Vous
serez libres de choisir vos compagnons, car, dans
ce monde, on se trouve réunis à ceux avec lesquels
on a des affinités; dans ces champs illimités du ciel
vous vivrez dans l'intimité de ces grands écrivains,
objets de vos sympathies intellectuelles.

Si vos gouts vous portent vers les Arts et que
vos oeuvres soient faibles, aspirez toujours à vous
élever davantage et continuez à lutter; la pauvreté
de l'exécution importe peu, aucun de vos efforts ne
sera perdu. Au ciel, vous retrouverez ces aspirations
qui seront alors les matériaux de votre travail.

Si votre idéal est le Service de l'humanité, l'al-
lègement de la souffrance humaine, la consolation
de la douleur humaine, la solution du problème
de la misère humaine, multipliez vos efforts, vos
luttes persévérantes ici-bas; car, toutes choses ardemment désirées sur terre sont transformées en
pouvoir dans ce monde céleste; les espérances et
les aspirations deviennent des facultés qui permettront leur réalisation. C'est exactement comme un
homme qui s'apprêterait à tisser une exquise pièce
de soie; il recueillerait ici une teinte, là, une autre
nuance, ailleurs encore quelques fils d'or, finalement du fil d'argent. Tous ces trésors de soie et

de métal étant réuni, il s'assoirait chez lui devant
son métier et tisserait un délicieux vêtement prêt
à être porté et remarquable par sa beauté — tel
est le rapport entre cette vie terrestre et celle qui
la suit. Ici, vous rassemblez vos fils d'espérance,
de pensées, d'aspirations dorées; vous les réunis-
sez et les emportez dans votre réelle demeure en
traversant les portes de la mort qui vous donnent
accès dans le monde céleste où la pensée devient
pouvoir. Là, vous tissez pour vous-même la robe
que vous porterez à votre retour ici-bas. Aucune
aspiration ne tombe dans l'oubli, aucune pensée
n'est perdue, aucun joyau ne vous est ravi. La douleur est transformée en pouvoir; les souffrances
qui ont été pour vous une couronne d'épines deviennent une couronne resplendissante de joyaux
— une couronne qui représente le pouvoir de ra-
cheter l'humanité; car chaque souffrance porte en
elle le germe d'une nouvelle faculté, ainsi que l'a
dit Edward Carpenter [6]. Voilà la relation qui existe
entre cette vie terrestre et celle qui la suit. Il est im-
portant que vous compreniez cela, car si votre vie
terrestre est pauvre en pensées et en aspirations,
votre vie céleste sera également pauvre; au ciel,

---

6   Lire *Étude sur la Philosophie d'Ed. Carpenter*, par M. Sénard.

vous ne pouvez commencer une chose nouvelle; la raison en est fort simple. Ici, votre corps mental se construit par la pensée et c'est seulement dans le monde céleste que vous arriverez à vous mettre en contact avec les choses qui ont occupé votre pensée sur terre. Ce sont les matériaux avec lesquels vous devrez travailler.

Le corps mental se construit pendant la vie terrestre au moyen de la matière spéciale attirée dans ce corps par la pensée et c'est seulement cette matière qui permet à son possesseur de prendre contact avec le monde céleste. Il n'a pas d'autre instrument de contact et, par cela même, se trouve réduit à l'espèce de matière dont son corps mental est construit. Il est inconscient de toute autre chose qui peut exister autour de lui, car il ne possède pas d'organe qui puisse le mettre en rapport avec ces choses. Exactement de la même manière, nous sommes inconscients dans le monde physique de myriades de vibrations auxquelles nous ne pouvons répondre, ne possédant pas les organes appropriés. Notre inconscience actuelle ne nous donne pas l'impression qu'une chose nous fait défaut; il en sera de même dans l'autre monde. Mais plus nous sommes en état de répondre à ces vibrations, plus l'horizon de notre vie s'élargit.

Or, ce sont les seuls matériaux qui soient à votre disposition et s'ils vous font défaut, vous ne pourrez rien faire. Cela vous indique l'importance énorme de votre existence actuelle. Elle vous fournit les matériaux de votre vie céleste ; la richesse de celle-ci sera en proportion des trésors d'expériences que vous aurez recueillis.

Considérez donc cela de ce point de vue ; jugez-vous vous-mêmes, jugez vos propres facultés, vos propres possibilités et commencez ici ce que vous désirez poursuivre dans l'au-delà.

J'ai fait allusion il y a quelques instants à une conférence du Doyen de Saint-Paul. Parlant du Mysticisme chrétien, il dit: "Tous les mystiques prétendent que le ciel est autour de nous à tous moments". Et cela est parfaitement vrai. Vous êtes en contact avec le monde mental par votre corps mental, car le ciel est le monde mental, ainsi que je vous l'ai dit ; seulement c'est une région spécialement protégée de ce monde. Donc, vous pouvez attirer à vous le monde céleste en proportion du développement de votre corps mental et à mesure que vous devenez plus vivant et éveillé dans celui-ci. Vous pouvez jouir des harmonies célestes au milieu des dissonances de ce monde, vous pouvez apporter son rayonnement, sa beauté, son éclat dans l'obscurité et la laideur terrestre. C'est réellement ce que saint Paul voulait dire quand il prononçait ces paroles : "Nous sommes enfants du Ciel". Nous en venons ; et nous y retournerons. Si vous comprenez bien cela, vous ne serez jamais tentés, ainsi que tant d'autres, de poser cette question : "Reconnaitrai-je mes amis au ciel ?" car vous resterez vous-mêmes. Vous aurez le même corps dans lequel vous pensez actuellement et vous retrouverez vos amis dans le corps mental qu'ils possédaient en ce moment. Vous les reconnaitrez donc et comment pourrait-il en être autrement ? Les liens qui vous unissent à vos amis ne sont pas simplement des liens corporels ; vous êtes également liés à eux par les émotions et l'intelligence ; ce sont des liens qui tiennent à vous-mêmes et non à vos vêtements. Un homme pourrait aussi bien demander : "Reconnaitrai-je ma femme à mon retour ce soir quand je retirerai mon pardessus et qu'elle sera en toilette de soirée ?". Il est impossible que vous ne reconnaissiez pas tous ceux que vous aimez, tous ceux que vous admirez. Vos ennemis ? Non vous ne les rencontrerez pas. Eux aussi jouiront de la vie céleste mais il ne pourra y avoir de rapports désagréables entre vous, car l'amour au ciel est l'autorité suprême et la haine ne trouve pas de matière dans laquelle elle puisse s'exprimer.

De tout cela il résulte que votre vie est une. Actuellement, vous vivez dans trois mondes, non pas seulement dans un seul, et votre conscience est active dans ces trois mondes. Pour commencer, considérez ce point de vue comme une théorie. Puis, si vos lectures fortifient ces pensées, étudiez-vous vous-mêmes à la lumière de ces idées et voyez si elles n'illuminent pas bien des obscurités, si elles ne vous aident pas à mieux comprendre ceux qui vous entourent et à vous comprendre vous-même. Si vous saisissez bien cela vous acquerrez de l'espoir car il importe peu que vous soyez peu avancés sur la ligne de développement que vous désirez poursuivre. Cultivez vos tendances de votre mieux et dans le monde céleste une force nouvelle les intensifiera ; cultivez vos dons avec zèle et vous serez amplement dédommagés de votre peine dans l'au-delà. Mais si vous étouffez vos aspirations et vos facultés, alors la moisson céleste sera maigre, car vous n'aurez pas rempli les conditions nécessaires pour vous donner dans ce monde une vie longue et heureuse.

Même si vous ne pouvez adopter le point de vue théosophique, s'il ne s'adapte pas aux connaissances que vous avez déjà acquises, laissez du moins le pouvoir créateur de la pensée devenir pour vous un exercice habituel et rendez-vous compte de ce qu'il comporte. Tous, vous avez entendu parler des idées fixes. Parfois, la folie en résulte ; quelquefois, d'un homme ordinaire, elles font un héros. L'idée fixe d'un fou est une idée fausse qui n'est en accord ni avec la nature ni avec les faits qui l'entourent. Le fou se croyant de verre et par cela même craignant d'être brisé est un fou parce que son idée fixe est fausse : mais considérez celle de quelque grand patriote tel qu'Arnold Von Winkelried ; cet homme, voyant les rangs serrés de l'armée opposée et les paysans sous ses ordres reculer devant les lances régulières des troupes exercées autrichiennes, s'élança au-devant de l'ennemi, réunit autant de lances qu'il put entre ses bras tendus en attirant sur sa poitrine leurs pointes acérées qui le transpercèrent ; Mais au moyen de cette trouée pratiquée en sacrifiant sa vie, ses hommes pénétrèrent dans les rangs ennemis et la victoire leur resta. Son idée fixe fut son amour pour sa patrie ; elle fit de lui un héros qui donna sa vie pour la liberté de son pays.

Il faut considérer la nature de l'idée fixe ; la vérité de l'idée est d'une importance suprême ; mais l'idée fixe est celle qui exige votre obéissance aveugle, en dépit de tous les raisonnements, de tous les arguments, de tous les avis d'un ami, de tout ce que vos propres intérêts exigent, l'idée fixe commande et vous obéissez, quoiqu'il puisse en advenir dans ce monde mortel.

Quand l'idée fixe est noble, vraie, qu'elle se trouve d'accord avec l'évolution, personnifie vos espoirs les plus élevés, vos pensées les plus généreuses, vos aspirations les plus hautes, nous l'appelons un Idéal.

Chacun devrait avoir un Idéal, surtout les plus jeunes parmi vous qui êtes encore des adolescents. De bonne heure, choisissez bien votre Idéal et dans votre âge mûr vous vous rapprocherez de sa réalisation. On ne peut vivre sagement, dignement, si on n'a pas un Idéal auquel on puisse aspirer, un Idéal qui vous soit plus cher que tout ce que le monde peut vous donner, que tout ce qu'on peut acquérir. Ayez donc un Idéal, pensez-y chaque matin pendant quelques instants et graduellement vous deviendrez sa propre image. Ainsi que votre image se reproduit dans une glace, votre Idéal dans le miroir de votre intellect se reproduira lui-même et vous deviendrez ce à quoi vous pensez, ce que vous vénérez. Ne craignez pas de vous former un Idéal trop beau ni trop élevé; ne vous dites pas que vous ne pourrez l'atteindre; le seul fait de le concevoir est la garantie de votre succès. Tout ce que vous pouvez vous représenter en imagination, vous serez capable ultérieurement de l'accomplir; tous vos espoirs seront finalement réalisés. Votre vie est éternelle; vous n'êtes donc pas limités par le temps, mais vous avez devant vous des âges sans fin. Vous atteindrez enfin votre Idéal et le personnifierez dans votre propre vie sur terre.

Seulement ayez un but; ne traversez pas la vie insouciants, nuls, indignes d'être hommes; ne laissez pas dire de vous dans les mondes supérieurs: cet homme ou cette femme "ont atteint trop tôt l'humanité". Faites-vous un Idéal; adorez-le, et adorez-le davantage par votre vie que par vos paroles; adorez-le en pensées, en aspirations, en actes. Alors votre vie se rapprochera de la beauté, de la puissance, de la sagesse de cet Idéal. Et même, si vous ne pouvez accomplir ici-bas ce à quoi vous aurez aspiré, lorsque la mort vous frappera, vous aurez acquis une grandeur que vous n'eussiez pu atteindre autrement. Dans le monde céleste, votre Idéal viendra à votre rencontre, revêtu de la splendeur de l'immortelle existence; dans son étreinte il vous fera participer à l'essence même de sa vie et vos espérances terrestres se réaliseront au ciel et après bien des jours, vous reviendrez sur terre comme serviteur de l'humanité.

IV

L'ESPRIT DE L'HOMME ET LA VIE SPIRITUELLE

Je vous ai parlé du corps de l'homme, du corps composé de matière mentale, de matière émotionnelle et de matière physique. Aujourd'hui, je vous demanderai de me suivre dans une région plus haute, plus pure. Je vous demanderai de vous élever ou de pénétrer — selon l'expression qui vous conviendra le mieux — jusqu'à ces hauteurs, ces profondeurs de la conscience intérieure où vous reconnaitrez votre essence divine, où vous réaliserez la grandeur que vous atteindrez et où vous vous maintiendrez dans l'avenir. Je vous demanderai de vous laisser conduire dans ces régions de la conscience qui vous élèvent au-dessus des soucis de ce monde et vous permettent de conserver votre calme au milieu des agitations qui vous entourent, heureux malgré des chagrins apparents, sereins lorsque les luttes et le tumulte vous environnent, joyeux, là où l'homme du monde ne verrait que des sujets de mécontentement et d'anxiété. Vous vous souvenez qu'il a été dit que l'objet de toute vraie philosophie est de mettre un terme à la souffrance. Il y a une région où la douleur n'existe plus, un royaume duquel l'affliction est bannie. Un homme peut vivre en Esprit, il peut vivre dans ce que nous appelons quelquefois le Soi Supérieur et, en vivant ainsi, il connait la paix de l'éternité, au milieu des phénomènes du temps. Afin de pouvoir vivre ainsi, il devra s'élever au-dessus des tristesses de ce monde, mais il n'est pas nécessaire pour cela d'abandonner ce monde où le sort l'a jeté, il n'est pas utile de rechercher la retraite de la grotte ou de la jungle, de se retirer des lieux fréquentés par l'homme. Il pourra travailler sur la place publique, plaider devant les tribunaux, soigner dans les hôpitaux, se rendre utile dans la boutique d'un marchand ou occuper la situation élevée de celui qui gouverne. S'acquitter de chacun de ses devoirs mieux qu'un homme du monde ne s'en acquitte, ne reculer devant aucune obligation, mais la remplir en employant au mieux ses capacités, sa puissance de travail, et cependant tout en vivant dans

le monde, comprendre sa propre divinité et travailler non pour les biens périssables de la terre,
mais comme un instrument de l'activité divine —
voilà tout ce qui est nécessaire pour connaitre la
paix et mener une vie spirituelle.

Maintenant, qu'est-ce que l'Esprit ? Car, si nous
ne savons ce qu'est l'Esprit ou le Soi Supérieur,
nous ne pouvons comprendre ce que l'on entend
par la vie spirituelle. L'Esprit, qui est l'homme,
est ce fragment divin duquel parle Shri Krishna
comme étant "une partie de moi-même, un être
vivant".

Vous comprendrez peut-être plus facilement la
signification de l'Esprit si vous pensez un moment
à la phrase bien connue de la *Bhagavad Gita* "l'habitant du corps". Les corps, nous les avons étudiés ;
nous abordons maintenant l'étude de l'habitant
du corps, l'homme, l'homme réel, le Dieu qui est
l'homme enrobé dans la chair. Il faut vous souvenir
qu'il est dit que "le sage ne se lamente ni pour les
vivants, ni pour les morts" ; et la raison de cette
élévation au-dessus des misères humaines, la raison de cette indifférence est expliquée en termes si
exquis, si parfaits, que je me hasarde à les intercaler
parmi mes propres et humbles paroles. Souvenez-
vous de ce qui a été dit de tout être humain :

"Nul n'a commencé ni ne doit finir."

"L'habitant du corps ne nait ni ne meurt. N'ayant pas cessé d'être, il n'a plus à être; il est non-né, perpétuel, éternel et ancien. Il n'est pas tué quand le corps est détruit."

"De même qu'un homme rejette des vêtements usés et en prend d'autres, de même l'Habitant du corps, rejetant des corps usés, entre dans d'autres corps qui sont neufs."

Et alors éclate cette triomphante apostrophe de l'Instructeur:

"Rien ne peut altérer l'Habitant du corps."

"L'Habitant du corps est indivisible, incombustible, inaltérable, perpétuel, pénétrant partout, inébranlable, ancien, non manifesté, incompréhensible, immuable; en sachant cela, on ne doit se tourmenter de rien."

Ainsi, tout est contenu dans une coquille de noix. Si vous êtes vous-même l'habitant du corps, si dans vos corps périssables, vous savez que ni la naissance, ni la mort ne peuvent vous affecter, si

vous vous reconnaissez comme éternels et sans
commencement, quel sujet de douleur, quel sujet
de lamentations pouvez-vous avoir, sachant que
vous partagez la vie de Dieu et êtes éternels comme Lui?

Quel est donc le rapport entre l'habitant du
corps, et les corps qu'il revêt? Si pour quelques-
uns parmi vous, cette idée de vie perpétuelle peut
jusqu'à un certain point paraitre étonnante, laissez-
moi vous rappeler une analogie dans la Nature qui
vous permettra de saisir exactement la différence
entre l'habitant du corps et le corps lui-même.
Rappelez-vous la déclaration du grand savant anglais, Thomas Huxley, concernant la réincarnation:
"les analogies qu'on trouve dans la nature appuient
fortement cette croyance et rien ne vient la dé-
mentir." Prenez, pendant un instant, comme comparaison quelque vaste forêt et considérez la vie
de l'arbre qui croît et se développe sur terre; dans
les contrées du nord, l'exemple est plus frappant
que dans ce pays méridional. Vous verrez l'arbre
se parer une fois par an de jeunes feuilles vertes:
ces feuilles empruntent à l'air leur nourriture qui
en elles se transforme en cette rude matière par
laquelle l'arbre vit. Ces matériaux sont recueillis
dans la sève lorsque les feuilles tombent et que leur

oeuvre prend fin. La sève pleine de toute la nourriture que les feuilles ont récoltée, passe du tronc
dans les racines étendues sous la terre et pendant un
temps reste là cachée aux yeux des humains. Mais
le printemps s'annonce, l'hiver s'achève, le chant
des oiseaux s'élève en même temps que la nature
s'éveille à une nouvelle vie ; la sève monte à travers
le tronc et atteint les branches ; dans chacune des
parties de l'arbre se répand la sève qui donne la vie.
Les bourgeons se gonflent, de nouvelles feuilles
apparaissent une fois de plus l'arbre est paré de
sa gloire estivale et les feuilles recommencent leur
travail d'assimilation de nourriture afin que l'arbre puisse vivre. Telle est la vie humaine. L'esprit
de l'homme est comme l'arbre, un germe de divinité semé dans le sol de l'existence humaine. Les
feuilles de l'arbre sont comme les vies de l'homme,
se manifestant, afin de recueillir la pâture qui permettra à l'Esprit de se révéler. Elles récoltent la
nourriture et la transmettent à la vie qui est la sève.
Elles tombent et périssent et le tombeau ou le feu
reçoivent ces feuilles flétries ; mais la vie qui est
la sève s'est élevée vers l'Esprit, lui apportant la
substance nutritive, résultat de ses expériences terrestres. Dans l'Esprit cette substance se transmue
en pouvoir, elle se transforme en facultés ; lorsque

le temps de la renaissance est venu, l'Esprit infuse une vie nouvelle de même que l'arbre produit des feuilles. Une fois de plus l'école de la vie vient nous instruire et son enseignement amènera la manifestation de l'Esprit. Telle est la relation entre l'Esprit et les corps, telle est la différence entre l'éternel et le transitoire. Et si vous faites un rapprochement entre la vie terrestre et les feuilles de l'arbre, si vous pensez à vous-mêmes comme étant l'arbre qui ne meurt pas, mais produit seulement de nouvelles feuilles pendant son existence, vous aurez alors une image admirable du Soi Supérieur : l'Esprit trouvant au moyen de corps nouveaux, l'aliment nécessaire à son développement, tandis que lui-même reste non-né et éternel, mais toujours faisant surgir de ses possibilités infinies les pouvoirs effectifs qui témoignent de l'évolution de l'homme.

Voilà donc la manière par laquelle nous voyons les progrès de cette vie éternelle dissimulée de temps en temps sous le voile de la chair. Nous venons de dire qu'elle est une partie de la vie de Dieu. J'ai cité les belles paroles de Shri Krishna lorsqu'il parle du caractère divin et déclare que l'Esprit, le Jivatma, est une partie de Lui-même ; cela nous instruit sur les attributs de l'Esprit et nous permet, avec un peu de réflexion, de savoir comment la vie spirituelle s'épanche en nous, tandis que nous sommes plongés dans l'existence matérielle des mondes inférieurs. Car nous savons que dans Ishvara Lui-même trois grands attributs se manifestent, et, si l'homme est une partie de Lui-même, ces mêmes attributs doivent se manifester, limités, alors qu'en Lui ils sont illimités, se développant en nous alors qu'en Lui ils sont parfaits et complets. Et comme nous savons qu'un des attributs du Suprême est le pouvoir, puisqu'Il est celui qui gouverne les mondes, nous voyons immédiatement que le reflet de ce pouvoir dans l'Esprit humain est la volonté, si limitée et si peu évoluée qu'elle puisse être pendant un temps. Et, de même que nous voyons en Ishvara cette conscience parfaite qui se connait Soi-même complètement ainsi que tout ce qui est en Soi car Il est le seul, l'Unique sans second — nous voyons aussi chez l'homme cet aspect merveilleux appelé sagesse, sagesse qui est la connaissance de l'Un, la réalisation de la divinité dans l'homme, la réalisation du Soi dans l'homme lorsque celui-ci peut dire, non en paroles, mais en réalité : "Je suis cela". Cette sagesse est la connaissance de l'Unique et souvenez-vous qu'il est écrit que tout ce qui est en dehors de cela est ignorance. Nous voyons donc cet aspect créateur dans Ishvara reproduit dans l'intelligence de l'homme, faculté créatrice par laquelle il peut donner un nouvel aspect à toutes choses. Mais, en admettant ce triple Esprit dans l'homme, volonté, sagesse, intelligence créatrice, l'on peut, se demander comment nous pourrons savoir à quel moment ces attributs spirituels commencent à se manifester dans la vie inférieure, si nous serons capables de reconnaitre l'irruption de l'Esprit, de la distinguer des nombreuses activités de la chair ? Quelle est la différence entre ce qui est spirituel et ces impulsions du désir qui gouvernent l'humanité ? Un homme poursuit le plaisir, la renommée, l'influence sociale, la puissance politique ; il souhaite ardemment atteindre tous ces objets désirables qui l'environnent de tous côtés dans ce monde si beau. Il court après l'un ou l'autre selon son aspiration ; si le plaisir l'attire, il recherche les endroits où il peut le trouver ; s'il ambitionne la renommée, il travaille tout le jour, multiplie les efforts, saisit chaque occasion de se pousser en avant ; il va çà et là, partout enfin où il pense trouver ce qui est nécessaire au but qu'il se propose, partout où il pourra atteindre l'objet de son désir. Tant que l'homme est dominé par le désir, tant qu'il est balloté par toute brise qui s'élève dans le monde, cet homme vit de la vie de ce monde et non pas de celle de l'Esprit ; il n'est pas encore devenu conscient de son Soi réel. Mais quand, sous l'assaut des désirs, il demeure ferme; quand, environné de tentations, il reste inébranlable; quand la fortune est à sa portée, mais qu'il ne veut pas, pour l'obtenir, ternir son honneur; quand il pourrait atteindre le pouvoir, mais en sacrifiant ses principes; quand le plaisir l'attire mais qu'il implique en même temps un tort fait à son prochain; quand il se retire en lui-même et se dit: "Je ne veux point pécher, je ne veux pas me déshonorer bien que le désir m'excite et que la tentation m'attire"; alors, des profondeurs de l'Esprit, la volonté de l'homme s'élève triomphante et la vie spirituelle commence à le diriger, car la Volonté ne procède pas de la chair, mais émane de l'Esprit. Et lorsque parmi tous ceux qu'il aime autour de lui, il commence à saisir l'unité de la vie, à comprendre que tous les hommes sont frères et que les liens de l'amour l'unissent à eux; lorsque l'amour qu'il ressent pour son propre enfant, il l'étend à tous les pauvres orphelins sans protection; lorsqu'il reporte l'amour éprouvé pour sa mère vénérée sur toutes les femmes âgées parce qu'il considère toutes les vieilles gens comme ses père et mère, de même que les jeunes deviennent ses enfants; lorsque l'amour se fond dans la reconnaissance de l'unité et s'étend sur tous sans distinction de couleur, de race, de classe ou de caste; alors, la Sagesse qui connait l'Unique commence à influencer l'homme et l'amour partial, exquis à sa manière, est transmué en cet amour Divin qui se donne à tous. Et quand, au milieu des agitations tumultueuses de l'esprit inférieur, l'homme est prompt à saisir l'influence du supérieur; quand il écoute la voix de l'intellect supérieur qui commence à gouverner l'esprit et à le modifier pour atteindre son propre but, alors l'activité créatrice de l'intelligence a commencé à affirmer ses droits, primant l'activité de l'esprit absorbé dans l'observation des phénomènes. Dans ce cas encore, la présence de l'Esprit devient manifeste et la vie de l'Esprit incarné commence à se révéler.

Et de suite, cette question se présente. Qu'est-ce que la vie spirituelle? La vie spirituelle n'a aucun rapport avec ces qualités appartenant aux corps subtils, appelés Siddhis par les Indous et connus dans l'Occident sous le nom de pouvoirs psychiques. La vie spirituelle n'est pas la clairvoyance ni la clairaudience, elle n'exige aucun travail des corps dans les trois mondes phénoménaux. Elle ne signifie pas une connaissance plus étendue des mondes invisibles aussi encombrés de phénomènes que le monde physique. Cela n'a aucun rapport, aucune relation avec tout ceci. La qualité et l'essence en diffèrent complètement. La Spiritualité est la connaissance de l'Unique impliquant une existence conforme à cette connaissance dans la vie quotidienne de l'homme.

Quelques-uns parmi vous se souviennent peut-être que le Dr Miller — vous faites bien de le respecter, car il offre un noble exemple du chrétien — écrivant il y a quelques années à ses anciens élèves, leur disait ces paroles remarquables dont je vous demanderai de vous rappeler les trois premiers mots. Il disait que l'Indouisme avait fait deux grands dons à l'humanité : les doctrines de l'Immanence de Dieu et de la Solidarité humaine. Un vrai croyant dans sa propre religion proclamait ainsi splendidement la valeur d'une religion différente de la sienne, montrant par-là cette largeur de vue, cette grandeur d'esprit qui devrait toujours distinguer ceux qui se donnent le nom de chrétiens. J'insisterai sur les trois premiers mots : "l'Immanence de Dieu". Ils vous paraitront peut-être secs, froids et sans attrait ; faut-il vous les traduire afin de vous expliquer leur signification réelle ? Évidemment, cela veut dire que Dieu est partout et dans tout ; mais ce n'est pas assez. Cela signifie que lorsque vous suivez le bord de la mer, en regardant les grandes vagues de l'océan déferler avec un bruit de tonnerre sur le rivage, vous voyez en elles le pouvoir divin incarné, vous voyez en elles Sa puissance. Si vous parcourez quelque splendide forêt et jouissez du silence, du calme et de l'ombre à midi. Oh! Alors vous connaissez cette paix divine; vous connaissez cette sérénité qui révèle Dieu. Par toutes ces sensations, vous prenez contact avec la Divinité et vous sentez sa présence. Lorsque vous êtes dans la montagne, dans les lointains Himalayas, si vous considérez leur merveilleuse stabilité, leurs étendues de neige pure et non frayée, dans ces montagnes mêmes, vous voyez la puissance et la stabilité de Dieu et, dans la neige, Sa pureté intacte et immaculée. Et quand vous observez les cieux où les astronomes ne voient que des mondes en mouvement, l'immensité de l'espace vous révèle Sa paix et ces mondes en mouvement, Sa Vie. Rien n'existe au-dessus de nous dans les cieux, ni à nos pieds dans les abimes profonds qui ne vous parle de la présence de Dieu qui en est l'âme; ainsi lorsque vous admirez la nature, ce vêtement de Dieu, vous voyez Dieu à travers ce vêtement, car Lui seul existe. Voilà ce que signifie l'Immanence de Dieu. Considérons, si vous le voulez, cette idée de plus près. Bien des gens condamnent ce qu'on appelle

le polythéisme, mais le polythéisme bien compris, est simplement l'effort des hommes, limités
dans l'expression de leur pensée, pour expliquer au
moyen d'images innombrables la Divinité incarnée; par-là, ils se rendent réelle cette manifestation de Dieu sur laquelle le philosophe peut raisonner obscurément, mais que la pauvre humanité
ne peut comprendre à moins de l'incarner dans des
divinités sans nombre. Donc, si vous êtes sages et
non insensés, vous ne permettrez pas à la science,
qui observe seulement les apparences, de critiquer
cette connaissance plus profonde qui vous ensei-
gne les mystères de la vie de l'homme et de celle
de Dieu. Si vous le désirez, que la science de l'Occident vous instruise, mais de votre côté, enseignez
à l'Occident ce que vous savez de la vie illimitée et
partout présente de Dieu. Si vous faites cela, alors,
en vérité, votre polythéisme deviendra une chose
splendide. Car, en regardant l'épouse penchée sur
vous avec amour, vous verrez Lakshmi, la Lumière
et la Divinité du Foyer, rayonner à travers les yeux
de la femme que vous aimez; et quand elle regarde
l'époux, le soutien et le gardien du Foyer, elle verra
Vishnou, Celui qui préserve et maintient la Vie de
l'Univers. Dans les yeux de vos enfants, vous verrez ceux de l'enfant Krishna et ses jeux enfantins

avec les Gopis. Et lorsque la mère sera penchée sur le berceau, vous verrez Durga, la Mère universelle dont les soins s'étendent sur le Monde, la Divine et Immuable Mère. Oui, le polythéisme est la vie spiritualisée de l'homme; c'est le refus de se laisser aveugler par les formes, c'est la détermination de voir la vie en elles. La vie est une, tandis que les formes sont nombreuses; la vie est une, tandis que les étiquettes sont multiples. N a-t-il pas été écrit de celui qui adore toutes formes, "Celui-là M'adore", même si ce n'est pas selon la règle antique? Ainsi vous commencerez à comprendre que ce mot de spiritualité signifie la reconnaissance de Dieu partout et en toutes choses.

Je vous dirai maintenant quelques mots de la relation qui peut exister entre la spiritualité et le commerce, le bureau, la rue et vous expliquer, si je le puis, comment chacun de vous peut être un homme spirituel, si seulement vous avez la volonté de le devenir. Considérons ces activités innombrables de notre vie terrestre, ces voies différentes par lesquelles le monde est aidé et maintenu: le commerce qui relie les nations entre elles et contribue à nourrir cette multitude croissante d'êtres humains; les vaisseaux qui traversent l océan, chargés de marchandises envoyées d'une nation à une autre ; les marchands et les commerçants les distribuant à tous et permettant ainsi à chacun d'obtenir ce qu'il n'eut pu se procurer sans leur concours ; l'ordre maintenu dans la société, les efforts de ceux qui empêchent les transactions d'être pour le fort l'occasion d'oppresser le faible ; tout ce formidable mécanisme de la loi — le juge au tribunal, l'avocat à la cour, le policier dans la rue ; ceux par lesquels le fonctionnement de la société est rendu possible et qui défendent le faible contre l'oppression du fort ; la vie de famille, base de tout état, protection du père, amour de la mère, joie de l'enfant ; la tâche du médecin qui affronte sans crainte la contagion et risque son existence pour alléger la souffrance ; le praticien dont la main habile et expérimentée peut, au moment du danger, secourir et sauver une existence humaine ; tous ceux qui enseignent et dotent ainsi leur pays d'hommes virils et de nobles femmes ; tous ceux dont le travail concourt à la préservation de l'univers, que sont-ils tous sinon les agents de l'unique activité divine, les mains, les pieds, le coeur de Dieu agissant dans chaque carrière terrestre ? Vous vous souvenez de la vieille légende des quatre castes et de leur origine, comment les Brahmanes sortirent de la bouche de Brahma, les Kshattriyas de Ses épaules, les Vaishyas de Ses pouces et les Shudras de Ses pieds. Vous vous riez de ce conte étrange, bon seulement à être raconté aux enfants au crépuscule. Et cependant, du fond de ce conte se dégage une vérité, non seulement en ce qui concerne les quatre castes des Indes, mais aussi à l'égard des quatre grandes classes qui forment les divisions de chaque nation, que vous les appeliez ou non des castes. Car enfin ceux qui ont reçu de l'éducation et instruisent le peuple, ceux qui font profiter les autres de leurs connaissances, les prêtres qui dirigent le culte, les professeurs qui répandent le savoir, n'est-ce pas la voix de Dieu se faisant entendre par les lèvres des hommes, n'est-ce pas réellement la caste des Brahmanes, les savants et les instructeurs du monde ? Et les Kshattriyas ne sont-ils pas représentés par le roi, le parlement, les juges, les agents, du plus élevé au plus infime, de la Couronne au plus modeste fonctionnaire : ne sont-ils pas les bras de la nation préposés à la direction, à la protection du peuple, afin que l'humble ouvrier puisse travailler sans crainte de violences et que la paix du roi, qui est la paix de Dieu, puisse grâce à eux s'étendre sur toute la nation ? Et les marchands et les grands organisateurs du travail, ceux qui rassemblent tout ce qui contribue au bienêtre de chacun ; ceux-là ne sont-ils pas comme les princes de la nation sur lesquels elle s'appuie en toute sécurité et sans l'aide desquels, elle ne pourrait tenir son rang parmi les autres nations du monde Nous arrivons maintenant aux Shudras ; Ne sont-ils pas la base de l'édifice social, indispensables à son rouage ? Ces ouvriers, ces laboureurs, ceux qui exploitent la richesse du pays, les serviteurs qui vous facilitent la vie matérielle du foyer, ne sont-ils pas les pieds divins par lesquels le service s'accomplit ? Quant au Sanyasi qui s'est élevé au-dessus de toutes les castes, n'est-il pas aussi au service de l'homme dans une sphère plus hautes ? Si le Shudra sert l'homme individuellement le Sanyasi sert l'humanité, la classe la plus humble étant ainsi le reflet de ce qui existe de plus élevé dans l'espèce humaine. Oh ! De votre splendide et antique religion, combien de choses vous ignorez, combien de choses dont vous n'avez aucune idée et que vous n'avez même jamais entrevu dans vos rêves !

Laissez-moi en faire l'application. Je vous parlerai d'abord d'une profession bien souvent décriée, je le crains ; je veux parler de la magistrature. J'étais heureuse d'entendre dernièrement, à une conférence, l'orateur prendre la défense d'hommes de loi qu'on avait attaqués, il se disait convaincu de leur loyauté — peut-être plus que de celle d'un grand nombre de leurs semblables qu'on ne cherchait pas à incriminer. Si un avocat est un homme d'une nature spirituelle, et il n'y a pas de raison pour qu'il n'en soit pas ainsi — je parle quelquefois devant un grand nombre d'avocats — il se considèrera comme la justice divine personnifiée en ce monde. Il ne prendra jamais une cause si, de son succès, doit résulter une injustice ; il se considèrera comme responsable de la justice divine et avec un soin scrupuleux veillera à ce que cette justice soit observée. Vous me demanderez peut-être s'il ne doit jamais défendre un criminel ? Oui, il doit le défendre, car un criminel aussi a droit à la justice et son point de vue doit être pris en considération autant que celui du plaignant. Si vil que puisse être un criminel, ce qui peut être dit en sa faveur doit être invoqué par celui qui représente la justice divine qui donne à chacun ce qui lui revient. Mais il veillera à ce que rien ne soit supprimé, à ce qu'aucun faux témoignage ne soit apporté. Cela veut dire qu'il ne faut pas aggraver la cause ; cela veut dire que l'affaire doit être exposée avec toute l'habileté et la sympathie la plus grande ; que la vérité ne soit pas dissimulée et que la justice ne soit pas entachée de fausseté. S'il comprend la grandeur de sa tâche, ses lèvres dédaigneront l'astuce aussi bien que la déloyauté. La justice terrestre doit procéder de la justice divine ; elle doit être le défenseur du faible et de l'opprimé, et redresser les torts de celui qui cause un préjudice à ses frères. Je vous le demande, si l'homme de loi agissait ainsi, toute la magistrature ne serait-elle pas purifiée, ne deviendrait-elle pas le brillant représentant de la justice divine sur la terre ? Et les gens de bien ne seraient-ils pas plus heureux et les méchantes gens moins impudents en se présentant devant la justice, connaissant l'impartialité de ses décrets que n'influenceraient ni la déloyauté ni la faveur Considérez aussi le travail du marchand. Il est la main divine, distribuant par tout le monde ce qui est nécessaire à l'entretien et à la subsistance de l'homme. S'il envisageait ainsi sa tâche, combien l'humble boutique serait purifiée et ennoblie ! La fraude disparaitrait, les feintes et la duperie n'existeraient plus. Plus de falsifications dans les tissus, de sable dans le sucre, de tiges de bois dans le thé, plus de fraude dans rien de ce qui se vend. S'il en était ainsi de même qu'en ce qui concerne la loi, la vie spirituelle amènerait le bonheur.

Si vous le voulez bien, pensez au foyer à ce même point de vue — l'époux et l'épouse. L'époux qui se considèrerait comme le divin époux — car Shri

Krishna Lui-même ne s'est-il pas donné ce nom : "Je suis l'époux" — ne comprendrait-il pas que la femme n'existe pas seulement pour son bienêtre et sa joie, pour servir ses gouts voluptueux, pour augmenter son bonheur. De même que Vishnou pour son Univers, il serait pour elle l'ami, le protecteur, la déchargeant du fardeau qui écraserait ses faibles épaules et lui prodiguant cet amour tendre et protecteur que l'époux a le privilège de pouvoir donner à sa femme. Et celle-ci se souvenant que pour Vishnou elle est Lakshmi, verrait en lui celui qui garde et qui protège ; son amour serait un don volontaire, d'autant plus apprécié qu'il ne serait pas exigé comme un droit mais cueilli comme l'éclatante moisson qui lui serait offerte, comme des fleurs à un Déva qu'elle adorerait. Si le père adoptait cet idéal spirituel dans sa vie, il personnifierait le titre le plus noble de Dieu, le Père et l'Ami des hommes. Oh ! De quel secours vous seriez pour vos fils et vos filles si vous cherchiez à devenir la personnification de cette Paternité divine ! Dans la peine, dans la détresse, vos fils accourraient vers vous, au lieu de se dérober comme ils le font très souvent, parce qu'ils craignent plus qu'ils n'aiment. Ils sauraient que leur père est leur plus proche ami, leur protecteur le plus tendre ; ils sauraient qu'on peut tout confier à son coeur et que le pardon sera toujours accordé par celui qui s'efforce d'être un reflet du Père divin. Chacun a ses défauts. Dans vos moments de faiblesse, lorsque vous avez mal agi, vous invoquez la miséricorde de Dieu ; soyez donc aussi pitoyables envers vos fils et aidez-les à leur manière. Alors, dans vos vieux jours ils vous seront dévoués comme à notre Père et deviendront le soutien de ceux qui auront protégé et guidé leur jeunesse. Et maintenant parlons de vos filles. Si vous voulez vraiment vivre la vie du divin Père, ne pensez-vous pas que celles-ci aient des droits à revendiquer ? Ces enfants de sept ans, huit ans, neuf ans que vous engagez dans les liens d'un mariage irrévocable, alors qu'elles ne comprennent rien de ce à quoi elles s'engagent, ne se rendent pas compte du veuvage prématuré qui peut assombrir toute leur existence, n'ayant que le souvenir d'un mort avec lequel elles n'auront jamais vécu ? Oh ! Pensez à ces veuves vierges des Indes et dites si leurs pères ont rempli envers elles leur devoir divin ! Un père a-t-il le droit de laisser une enfant qui a besoin d'être protégée et gardée, affronter les angoisses et les dangers de la maternité ? Il y a beaucoup à faire dans cet ordre d'idées pour vous qui avez des aspirations spirituelles, afin que vos fils et vos filles grandissent pour devenir les citoyens d'un pays digne de se gouverner soi-même et libre ; car l'époux-enfant et la femme-enfant ne sont pas des citoyens convenables pour un pays où règne la liberté ; ils seront toute leur existence des êtres affaiblis par une maturité précoce.

Comprenez bien ce que signifie la vie spirituelle ; c'est le devoir, c'est l'amour ; c'est accomplir chaque fonction de la vie de famille et de la vie civique en vous considérant comme des dieux personnifiés, prenant votre part de l'oeuvre exécutée par Dieu dans Son univers. Un autre point est aussi à envisager. Nous aspirons toujours plus ou moins à la vie spirituelle. Nous parlons d'union avec Dieu ; nous parlons de notre désir de nous élever toujours davantage en pureté, connaissance et amour et en cela nous avons raison. Mais il y a une chose que vous ne devez pas oublier et qui est nécessaire pour la vie spirituelle. La vie est une ; qu'elle anime le pécheur ou le saint, le miséreux ou l'homme de caste supérieure, cette vie est divine, car elle procède uniquement de Dieu. Vous voulez bien être un avec Dieu, un avec les Rishis, un avec les Maitres ou les saints. Êtes-vous disposés à être un avec le débauché, avec la prostituée et le bandit ? Mais en eux aussi la vie divine est présente.

Quel est le caractère distinctif de la spiritualité ? Vous êtes purs ; pourquoi cette pureté existe-t-elle ? Afin que vous puissiez vivre à part et jouir de la satisfaction d'être meilleurs que les autres ? Oh ! Non, votre pureté a été acquise afin de vous mêler aux impurs, de les purifier par votre pureté et les amener ainsi à se rapprocher de la réalisation de la vie divine. Vous êtes instruits, vous n'aimez pas l'ignorant ; vous vous éloignez de celui qui n'est pas cultivé, du rude, du grossier. Mais, si vous avez reçu de l'éducation, c'est afin d'en faire profiter l'ignorant et le dégradé, que votre sagesse les instruise et qu'ils partagent les lumières de cette vie unique qui est la même en eux comme en vous. Ah ! Voilà la leçon difficile à apprendre ! Nous demandons toujours à celui qui nous est supérieur de se baisser jusqu'à nous afin de nous soulever. Sommes-nous disposés à tendre la main à notre inférieur pour l'élever à notre niveau ? Si cela n'est pas, la spiritualité n'existe pas, il n'y a pas de vraie religion ; c'est simplement de l'égoïsme se dissimulant sous le masque de la piété et le désir de l'inférieur de paraitre supérieur. Je vous demanderai donc en pensant à la vie spirituelle de vous souvenir qu'elle comprend tout, qu'elle n'exclut rien. Elle embrasse toutes choses, elle ne rejette rien ; elle est disposée à partager avec tous ; elle n'apprécie ses propres richesses spirituelles que pour enrichir et élargir la vie plus pauvre de son prochain.

Une pensée, représentant une image, se gravera peut-être mieux dans votre souvenir que des paroles qui s'effacent rapidement de l'esprit. Laissez-moi vous la dire, amis, avant de vous quitter. Quelquefois, peut-être, vous

vous serez trouvés auprès d'un sculpteur, travaillant comme quelques grands artistes savent encore travailler. Dans le marbre, il taille une statue afin que son idée soit rendue manifeste et vive dans l'esprit des hommes. Si vous questionnez cet artiste, il vous dira que pour lui ce n'est pas un bloc de marbre qu'il transforme en statue ; c'est une statue cachée dans un bloc de marbre ; chaque coup de ciseau, faisant sauter un fragment de marbre, la délivre, le rapproche graduellement d'elle. Il travaille encore et encore, voyant avec les yeux du génie la forme que vous et moi ne pouvons apercevoir ; le ciseau et le maillet taillent le marbre, mais ils ne sculptent pas les membres exquis de la statue, car celle-ci est déjà contenue dans la pierre. Ainsi en est-il pour vous. En chacun de vous demeure l'Esprit qui est Dieu, caché sous la chair, enfermé dans les corps, dissimulé derrière les émotions et l'intelligence, de sorte qu'Il n'est pas visible aux yeux extérieurs. Vous n'avez pas à créer cette image. Elle est là présente. Vous n'avez pas à l'édifier, vous n'avez qu'à la libérer. Dieu est en vous, attendant pour se manifester; à vous la gloire de faire disparaitre tout ce qui s'oppose à cette manifestation. Votre ciseau à vous, c'est votre pensée, votre maillet est le pouvoir de votre volonté. Employez votre volonté, votre pensée; chassez les émotions du corps et de l'esprit; que tout disparaisse qui ne soit pas Lui. Alors, de votre vie humaine s'élèvera la statue divine d'une beauté parfaite; la splendeur du Dieu intérieur resplendira et tous les hommes seront éclairés et réchauffés par sa lumière rayonnante. Le Dieu, devenu homme, foulera la terre et vous aurez eu la gloire de le libérer afin qu'il puisse aider l'humanité. Soyez donc des artistes dans la vie; soyez des sculpteurs travaillant dans l'atelier du monde. Et lorsque vous quitterez cette vie, vous saurez que vous êtes Esprit éternel et vous ne vous identifierez pas avec les corps que vous laisserez derrière vous. Et ainsi, vous entrerez dans une vie plus large, vous aurez un destin splendide, un avenir grandiose; car, vous serez libre, l'Esprit délivré, le Dieu manifesté; vous aurez atteint le but de l'homme.

TABLE DES MATIÈRES

Mme Annie Besant
(1er octobre 1847 - 20 septembre 1933)

Née à Londres, Mme Annie Besant fut une conférencière, féministe, libre-penseuse, socialiste et théosophe britannique qui prit part à la lutte ouvrière et lutta également pour l'indépendance de l'Inde. Elle fit de nombreuses lectures philosophiques qui développèrent ses questionnements métaphysiques et spirituels. Elle partit s'installer en Inde en 1893 où était basée la Société théosophique. Elle en prit la direction en 1907 et l'assuma jusqu'à sa mort en 1933.

www.ingramcontent.com/pod-product-compliance
Lightning Source LLC
Chambersburg PA
CBHW061957040426
42447CB00010B/1783